Le discours scientifique
comme pratique intermédiale
en arts, lettres et sciences humaines

Questions contemporaines
Série « Questions de communication »
Dirigée par Bruno Péquignot

La communication est au cœur de la vie politique, économique et culturelle de la société contemporaine. Cette série, dans le cadre de la collection « Questions Contemporaines » publie des ouvrages qui proposent des approches interdisciplinaires sur les questions de communication.

Déjà parus

Blaise LEMPEN, *La dictature numérique en marche. Société de l'hypersurveillance : un appel à la vigilance*, 2021.
Mihaela Alexandra TUDOR et Stefan BRATOSIN, *La médiatisation. Nouveaux défis pour les sciences et la société*, 2021.
Théo COLLIAT, *Football et télévision ou la métaphore du but en or*, 2020.
Benjamin W.L. DERHY KURTZ, *L'industrie télévisuelle revisitée, Typologies, relations sociales et notion(s) du succès*, 2020.
Cécile TARDY et Marta SEVERO (dir.), *Dispositifs du visible et de l'invisible dans la fabrique des territoires*, 2020.
Lafontaine ORVILD, *Autopsie de l'autorégulation de la presse haïtienne. Considérations éthico-politiques*, 2019.
Albin WAGENER, *Systémique des interactions*, 2019.
Boris BARRAUD, *Désinformation 2.0. Comment défendre la démocratie ?*, 2018.
Orphée GORE et Paul-Hervé AGOUBLI (dir.), *Les réseaux sociaux en ligne, problématique des nouvelles transparences*, 2018.
Didier HALLOY, *Le canard enchaîné : l'information mise en scène*, 2016.
Odilon CABAT, *Sous le sceau de la marque*, 2013.
Rodolphe DALLE (dir.), *Didactique de la communication*, 2013.

Sous la direction de
François Guiyoba, Roger Fopa Kuete
et Albert Jiatsa Jokeng

LE DISCOURS SCIENTIFIQUE COMME PRATIQUE INTERMEDIALE EN ARTS, LETTRES ET SCIENCES HUMAINES

Préface de Juergen E. Mueller

Hommage au Professeur François Guiyoba

Des mêmes auteurs

François Guiyoba
- **Aux éditions L'Harmattan**
  - Entrelacs des arts et effet de vie, 2012, (Collection d'éssais)
  - Littérature médiagénique. Écriture, musique et arts visuels, 2015, (Collection d'éssais)
  - Représentation touristitiques de l'Afrique dans les romans (Avec Vincent Manuel Afana Nga) 2021, (Collection d'éssais)
- **Autres éditeurs**
  - Intermédialité : Pratiques actuelles et perspectives théoriques (avec Albert Jiatsa Jokeng et Roger Fopa Kuete), Nîmes, Lucie Editions, 2020 (Collection d'éssais)

Roger Fopa Kuete
- **Aux éditions L'Harmattan**
  - La peur. Discours, formes et représentations, 2020, (Collection d'éssais)
- **Autres éditeurs**
  - Francographies africaines contemporaines : Identités et globalisation, (avec Bernard Bienvenu Nankeu), Bruxelles, Peter Lang, 2017.
  - La revolte de Mbazoua et d'autres nouvelles, Yaoundé, Ifrikiya, 2020, (Recueil de nouvelles)
  - Quête, illusions et échecs dans la littérature française. Essai sur *La cour des grands* de Michel Déon, Paris, Anibwe, 2021

Albert Jiatsa Jokeng
- **Aux éditions L'Harmattan**
  - La Condition de l'enseignant vacataire au Cameroun. Paris, L'Harmatan, 2014 ; Préface d'Alain-Poaire Kamki.
  - Littératures camerounaises. Devoirs de mémoire et politiques du pardon (Avec Carole Njiomouo Langa et Daniel Houli), Paris, L'Harmattan, 2020.
- **Autres éditeurs**
  - Patchworks, Paris, Edilivre, 2015. Préface du Pr Raymond Mbassi Atéba.
  - André Brink en France et dans l'espace francophone, Paris, Connaissances et savoirs, 2020.
  - La carte et le territoire de Michel Houellebecq : une aperception à la lumière de la théorie intermédiale de François Guiyoba, Paris, Connaissances et savoirs, 2020.

© L'Harmattan, 2022
5-7, rue de l'École-Polytechnique ; 75005 Paris

http://www.editions-harmattan.fr
ISBN : 978-2-343-25135-6
EAN : 9782343251356

Comité scientifique

François Guiyoba (†), Juergen E. Mueller, Bernard De Meyer, Mbassi Ateba Raymond, Alain Cyr Pangop, Jacques Evouna, Roger Mondoué, Flora Amabiamina, Jean Claude Abada Medjo, Philippe Nguemeta, Roger Fopa Kuete, Albert Jiatsa Jokeng, Yaya Mountapmbeme Njoya, Jules Mambi Magnack.

Préface[1]

Juergen E. Mueller

Le discours scientifique comme pratique intermédiale - ou quelques remarques sur les champs de recherche d'un concept toujours en cours d'élaboration

Le concept d'intermédialité semble être encore très en vogue, un succès qui montre à quel point, manifestement, ce « mot-clé » (« *Suchbegriff* » selon Walter Moser) rejoint des préoccupations centrales de la recherche dans les domaines de l'histoire et la théorie des médias. En dépit des divers desiderata (en matière de recherche) sans cesse formulés et de toutes les tentatives visant à concevoir un édifice théorique clos sur lui-même, la recherche sur l'intermédialité ne dispose pas (encore ?) pour l'instant d'un système cohérent qui permettrait de saisir *tous* les phénomènes intermédiaux. Au contraire, une des questions essentielles des recherches intermédiatiques se pose toujours par rapport à l'étendue de sa viabilité académique.

Les approches intermédiatiques sont-elles, par exemple, aussi aptes et appropriées pour une étude des processus scientifiques ou sociaux, dans un cadre sociologique et empirique ? Les contributions de ce volume donnent des premières réponses à cette question.

---

[1] Quelques réflexions plus approfondies des premiers paragraphes de cette préface se trouvent dans mon article « L'intermédialité hier et aujourd'hui : retour sur un concept encore en devenir – avec quelques pas archéologiques dans les enjeux intermédiatiques de grottes », dans : *FORMES ET (EN) JEUX DE L'INTERMÉDIALITÉ DANS L'ESPACE EUROPÉEN d'hier à aujourd'hui*. Patricia Viallet (éd.). Würzburg 2020, Königshausen & Neumann, p. 23-54.

Nous ne pouvons pas nier que, dans la situation actuelle, il y a toujours un grand besoin d'une réflexion des fondements théoriques de la recherche sur l'intermédialité ; ce qui passe par l'examen de ses corrélations avec d'autres types d'approches pratiquées en sciences des médias. Surtout, il ne faut pas négliger les perspectives *théoriques* ouvrant la voie à une démarche qui prend en compte la dimension historique des médias et les champs de recherche. Les champs des « inter-médias » dans lesquels la recherche sur l'intermédialité puise ses exemples sont encore susceptibles d'être discutés et améliorés. Souvent, la recherche sur l'intermédialité est encore dans l'ombre de celle qui est menée dans le domaine littéraire : elle s'occupe essentiellement ou même exclusivement des rapports (inter)médiaux précisément en littérature et s'aligne sur des théories littéraires – sur des concepts de l'intertextualité par exemple. En d'autres mots : la complexité des interactions entre médias analogiques et médias numériques est, dans ces cas-là, tenue à l'écart. C'est devant ce fond académique que les contributions de ce volume abordent les processus intermédiatiques entre les *discours scientifiques et les arts et les médias.*

Le développement d'*une seule théorie de l'intermédialité, d'un seul système théorique et universel*, englobant tous les processus ici concernés, apparaît toujours difficilement réalisable ; raison pour laquelle, à la place d'un tel méga- ou super-système, une *approche historique*, 'descriptive', inductive – peut-être plus laborieuse aussi – pourrait nous mener progressivement à une *archéologie et géographie des procédés intermédiaux* – y compris ceux qui relèvent des Nouveaux Médias. Placée sous ces auspices, la tentative d'approche du concept d'intermédialité se mue elle-même en un processus procédural – elle est un *work in progress*. Ce travail en évolution devrait être effectué à la base des hypothèses sous-jacentes ontologiques, épistémologiques ou phénoménologiques.

Si nous adoptons une telle démarche, il nous faut bien garder à l'esprit que le concept d'intermédialité se développe dans un contexte spécifique, à la fois social et historique. Il est, d'une part, inextricablement lié à certaines formes d'actions artistiques, matérielles, médiales et communicatives et doit, d'autre part, être constamment vu en rapport avec des productions de sens et de signification pour un certain public et/ou des utilisateurs historiquement déterminés dont l'existence résulte de ces actions. En bref, l'intermédialité est en étroite corrélation avec certaines formes de connaissances de même que certaines pratiques sociales et institutionnelles. Parmi les champs essentiels qu'il conviendra d'explorer encore à l'avenir, citons donc celui des *socialités de l'intermédialité et réseaux intermédiaux*, ainsi que celui visant à établir une *archéologie de l'intermédialité*, mais, bien sûr aussi, les *pratiques intermédiales des discours scientifiques en Arts, Lettres et Sciences humaines*, telles qu'elles sont explorées dans les contributions/articles de ce volume.

Retenons : tant le concept que le terme même d'intermédialité doivent toujours être (re)situés dans un contexte historique, universitaire, social et institutionnel. L'élan qu'a connu le concept d'intermédialité peut donc être interprété aussi comme une stratégie institutionnelle et territoriale. Dans ce sens, l'intermédialité serait une sorte de réflexe permettant la survie d'institutions universitaires, de celles-là même qui ne peuvent continuer à fonder leur raison d'être scientifique sur le maintien d'une stricte séparation des formes scientifiques. Vu ainsi, le concept d'intermédialité (tout comme celui d'*ekphrasis*) serait à la fois un signe du déclin ou de la fin de cette institution qu'est l'Université occidentale (Cisneros) et un point de départ pour le développement de moyens de recherche qui nous permettrait de *nous regarder comme des chercheurs faisant de la recherche.*

Les articles du volume sur le *discours scientifique comme pratique intermédiale* se situent donc dans un tel cadre historique et théorique. Ils relèvent le défi d'une extension des champs de recherche intermédiatiques et constituent des axes de pertinence innovateurs. – En ce qui concerne les champs de recherche et les objectifs d'une telle recherche, il me semble utile de renvoyer brièvement à une délimitation provisoire de « l'intermédialité » que j'avais proposée il y a quelques années dans une phase heuristique de ce concept et qui me semble toujours avoir une certaine valeur pour une délimitation des vastes champs d'études intermédiatiques et de théories et méthodes correspondantes : la notion de « l'intermédialité » se fondait sur « *le fait qu'un média recèle en soi des structures et des possibilités d'un ou de plusieurs autres médias et qu'il intègre à son propre contexte des questions, des concepts et des principes qui se sont développés au cours de l'histoire sociale et technologique des médias et de l'art figuratif occidental* ». Les domaines principaux envisagés de cette approche étaient : *les processus intermédiatiques dans certains produits médiatiques, les interactions entre différents dispositifs, et une ré-écriture intermédiatique des histoires des médias.*

Même si les contours et la portée de la notion de l'intermédialité restaient toujours à différencier, il était évident dès le début que cette recherche devait considérer les médias comme des *processus* où il y a des *interactions permanentes entre des concepts médiatiques,* processus qui ne peuvent être confondus avec une simple addition ou juxtaposition. Il allait aussi de soi que cette approche se basait non seulement sur l'analyse synchronique des médias, mais aussi – ou d'abord – sur leurs développements *historiques*, frayant ainsi le chemin à de 'nouvelles histoires'. Parler de « fonction » au sujet des processus intermédiatiques indiquait aussi que les 'effets' socio-historiques de ces phénomènes se trouvaient au centre de la recherche. Ces idées fondamentales paraissent toujours valables, mais aussi méritent d'être questionnées et de plus en plus développées.

Dans une telle perspective, le propos de François Guiyoba de développer une théorie qui « *voudrait permettre de comprendre le caractère intermédial de l'existant à toutes les échelles et quelle qu'en soit la nature et, par ricochet, essayer de contribuer à l'interprétation de certains mystères tels que ceux de la création, de l'évolution et de l'expansion de l'univers* » est très conséquent et sans aucun doute un grand défi. Une « compréhension » – ou une démarche phénoménologique, j'aimerais ajouter – jouera un rôle essentiel pour l'application/la réalisation de cette 'théorie générale de l'intermédialité'. Des triangulations entre chercheur, littérature/média et géographie/écologie/environnement pourront fonctionner comme instruments appropriés pour une reconstruction des « porosités » entre critique littéraire et sciences fondamentales. Une des questions centrales que l'on devrait se poser, serait : « Quand est-ce qu'un discours est/devient un discours *scientifique*? » Cette question nous renvoie à la situation actuelle académique et à l'histoire des systèmes de connaissances humains avec ses innombrables mélanges discursifs comme nous les trouvons par exemple dans les actions et rapports/textes des alchimistes et leurs créations et narrations mystérieuses.

Permettez-moi d'évoquer brièvement certains aspects de cette proposition et de souligner quelques domaines de recherche de même que quelques axes de recherche supplémentaires, à un niveau théorique un peu 'plus bas', c'est-à-dire à un niveau oscillant *entre* les mystères de notre existence et leurs données empiriques. En continuant une telle approche audacieuse, il serait incontestablement utile de mettre un accent marqué sur la contribution des *médias audiovisuels, analogiques et numériques* à l'émergence et à l'existence de ces mystères. Depuis des siècles, les paradigmes de sciences fondamentales, par exemple la géométrie, mais aussi les précurseurs des théories de l'intermédialité, se manifestent sous forme d'entrelacs entre textes et *images/sons* et/ou de *représentations audiovisuelles*. Les esquisses de Giordano Bruno et ses commentaires dans son livre *De imaginum, signorum et idearum compositione* (1591) donnent un exemple représentatif d'interactions entre textualités, picturalités et classifications scientifiques. Bruno décrit sa conception d'(inter-)médialité comme suit : « *et une poésie et une musique vraies sont une sorte de sagesse et peinture divines.* » Cet énoncé est accompagné d'une esquisse géométrique. Au plan phénoménologique de cette représentation, nous y trouvons donc une interaction entre des discours intermédiatiques, religieux, scientifiques, mathématiques et géométriques. Le statut ontologique de cette circonscription de processus intermédiatiques de la phrase de Bruno pourrait ainsi être compris comme jeu historique avec des représentations médiatisées de différents systèmes de connaissances ou des sciences, qui nous mènerait vers des analyses phénoménologiques, sémiologiques et herméneutiques.

En suivant les objectifs d'une théorie des enjeux entre sciences, images, littérature *et* systèmes de connaissances historiques, il serait aussi prometteur de suivre la piste d'une recherche du caractère intermédial de « l'existant » à l'exemple des histoires des dispositifs de la *laterna magica* (Kircher, 1671), des *illustrations des colporteurs* ou des *utopies* du 18e et 19e siècles. En résonance avec les voix/chants des présentateurs/bonimenteurs/colporteurs, elles construisaient pendant des siècles des imag(o)inations pour le collectif imaginaire et pour la mémoire collective (Assmann/Assmann), mais aussi des idées 'scientifiques' de notre monde, de sa géographie, de ses villes et villages, de même que de ses habitants et aussi de l'univers. Ces processus se basaient surtout sur des données historiques des dispositifs, sur les technologies et (dans le cas des colportages) sur des productions quasiment industrielles d'images aussi bien que sur des interactions entre images, langages parlés et chants. Une recherche intermédiatique de ces dispositifs, qui, d'ailleurs est en cours, ne nous donnerait peut-être pas une réponse aux *questions ultimes* de notre existence ou de l'existence de Dieu, mais des réponses à des questions sur les modalités de constructions intermédiatiques et sociales de *réalités historiques* qui forment notre imaginaire collectif et nos idées plus ou moins 'scientifiques' et ou 'religieuses' de notre monde.

Les petites sculptures des « vénus » préhistoriques, par exemple de *Willendorf* (près de Vienne, datée d'environ 30.000 ans), de *Hohle Fels* (Achtal, Jura Souabe, datée d'environ 25.000 ans) ou aussi les peintures rupestres dans les caves de *Chavet*, de *Chimeneas* et ailleurs sont également à situer dans les premiers phénomènes intermédiatiques poreux et oscillants entre plusieurs systèmes de connaissances artisanales, artistiques et religieuses. De tels artefacts et œuvres se trouvent sur tous les continents. Une recherche de ces œuvres d'art engendre des axes/perspectives sur des pratiques intermédiatiques préhistoriques, des pratiques intermédiatiques qui sont à reconstruire dans un cadre d'actions humaines, soit de la musique, de la langue parlée, soit de réflexions ('religieuses' ou 'scientifiques' ?) de « l'existant », ou soit de talismans pour la vie quotidienne, vénérant la femme et la féminité. Dans des caves pleines de peintures rupestres, des *artistes contemporains* ont produit des « re-stagings » de spectacles préhistoriques et intermédiatiques d'homosapiens (et/ou de l'homme de Neandertal ?) avec des instruments de nos ancêtres reconstruits pour évoquer au moins une partie des sensations et 'vibrations' de l'existence humaine, disparues depuis des millénaires. Dans ce cadre se posent, entre autres, les questions de distances historiques et anthropologiques telles qu'elles sont discutées dans les contributions de ce volume.

Aujourd'hui, les *médias numériques* jouent un rôle essentiel pour la constitution et l'amplification des « mystères » circonscrits par Guiyoba. Ils contribuent entre autres à la construction et à l'érosion de principes de base de nos représentations et interprétations du monde, tels qu'ils se manifestent dans des documentaires et des films animés (aussi 'scientifiques'). Nous y sommes submergés par des illustrations, des audiovisions et des narrations hypothétiques sur notre monde. Le centre de Recherche CERN[1], par exemple, vient de découvrir de nouvelles particules fines, entre autres le *Higgs-boson-particule* où les discours 'scientifiques' ou physiques se présentent comme un amalgame de discours religieux sur Dieu et sur l'heure de la fin de toute existence (ou plutôt une fraction de seconde de la fin de toute existence). Dans ce cas-là, comme dans le cas des narrations sur les origines et les limites de notre univers, il y a une superposition de plusieurs discours et *systèmes de signes*. Il y a huit ans, les narrations par rapport au *Higgs-bosom* constituaient l'histoire d'une menace de mort pour l'humanité et l'univers entier qui risquait de s'effondrer. On peut constater, comme dans *Blow Up* d'Antonioni (1966), que le plus près nous approchons de ces objets, le plus loin nous nous en éloignons.

Vers la fin de ces remarques sur le volume très éclairant sur le *discours scientifique comme pratique intermédiale*, j'aimerais oser un petit détour et donner un bref résumé

---

[1] Centre Européen de Recherche Nucléaire.

d'un projet de recherche fondamentale en sciences sociales auquel j'avais l'honneur de participer comme jeune chercheur. Ce bref commentaire est motivé par une interview que j'avais donnée il y a quelques mois et est également inspiré par une phrase à la fois banale et profonde : *« Je me souviens. »* Cette phrase se trouve depuis 1978 sur chaque plaque d'immatriculation au Québec et initie toute une série de mémoires collectives (non seulement) des Québécois – ceci dans un spectre d'un bref commentaire inséré à la main de l'architecte dans le contrat de la construction du parlement, d'une gravure sur une pierre de la porte principale du bâtiment construit en 1883, jusqu'aux mémoires (souvent irritantes pour la communauté anglophone) de la défaite des troupes françaises par les troupes anglaises devant les portes de la ville Québec sur les plaines d'Abraham en 1759. La phrase renvoie donc à des mémoires collectives et à des processus intermédiatiques pendant presqu'un siècle et demi, à des phénomènes plus ou moins éloignés, flous, pour les Anglais et anglophones, mais pour certains groupes de Québecois de 'pure laine' aussi très identitaires en ce qui concerne les possibilités d'une histoire *alternative de leur existence* (dans le sens d'une « alternate history »), c'est à dire la question : « What if history had developed differently ? »).

Dans mon cas, mes souvenirs personnels des recherches intermédiatiques sont sûrement moins dramatiques que le « Je me souviens » québécois, mais d'une certaine façon, ils sont aussi comparables en ce qui concerne une évaluation du rôle de l'axe de pertinence intermédiatique pour des recherches des sciences sociales *alternatives* qui – jusqu'à ce jour – ne sont pas encore réalisées. Ces souvenirs personnels furent initiés par l'interview d'un chercheur (Christian Meier zu Verl, Université de Constance) qui s'occupe, après presqu'un demi-siècle, des actes d'un grand projet de recherche fondamentale sociologique (direction :

Thomas Luckmann et Peter Gross) et d'une synthèse de résultats de ce projet, qui – malheureusement – n'a jamais eu lieu. Il s'agit du projet : *Analyse de communication et interaction directes comme approche au problème de la naissance et constitution de dates des sciences sociales* (« *Analyse unmittelbarer Kommunikation und Interaktion als Zugang zum Problem der Entstehenung sozialwissenschaftlicher Daten* », financé par la Fondation Thyssen). J'avais la chance de participer comme jeune chercheur dans la réalisation de ce projet. Ce projet visait à une re-construction de processus basaux de transformations de dates qui sortaient d'une situation face à face, qui ensuite se trouvaient codées sous forme de transcriptions d'actions non-verbales, paralinguistiques et prosodiques, sous forme de descriptions rétrospectives des actants, d'observateurs, etc., mais aussi de la forme des notations de « turn takings » des actants pour mener à une production et réflexion de ces dates générées. En principe, nous faisions ce que Cisneros avait circonscrit quelques décennies plus tard comme un « point de départ pour le développement de moyens de recherche qui nous permettrait de nous regarder comme des *chercheurs faisant de la recherche*. » Malheureusement ce projet de recherche fondamentale de Luckmann et Gross ne s'est manifesté que dans une série de diverses publications d'articles et n'a jamais trouvé un bilan compréhensif ; ce qui est la raison de cette rétrospective et recherche historique en cours.

Une des réponses que j'avais donnée aux chercheurs me semble mettre en relation les axes de recherche du volume sur le *discours scientifique comme pratique intermédiale* au problème de la *constitution des dates des sciences (non seulement) sociales* : ces processus de constitution de dates présupposent et impliquent une grande variété de transformations et d'interactions intermédiatiques, soit de la situation 'réelle de base' en une représentation audiovisuelle, soit de la représentation audiovisuelle en notations de sons ou mouvements, soit de la transformation des actions et narrations de la situation face-à-face en narrations ou descriptions, soit de la transformation des descriptions en explications, et soit en forme d'interactions entre toutes ces représentations inter-médiatiques d'un événement d'origine. Dans les années 1970, nous n'avions pas encore l'outil d'une approche intermédiatique à l'horizon ; et les publications de Dick Higgins sur les « Intermédia », nées dans le cadre du mouvement « Fluxus » (1966), étaient à ce temps-là trop éloignées de nos axes de recherche sociologiques. Rétrospectivement, le projet *Analyse de communication et interaction directes comme approche au problème de la naissance et constitution de dates des sciences sociales* me semble un très bon exemple pour *la qualité du discours scientifique comme pratique intermédiale* et pour les re-sédimentations de connaissances théoriques et scientifiques. Qu'en serait-il si nous avions à ce temps-là déjà pensé à une réflexion de nos activités de chercheurs dans une perspective intermédiatique ?

Ces entrelacs entre sciences et intermédialités se trouvent au centre des contributions de ce volume qui ouvrent sans aucun doute un champ nouveau et large d'études pertinentes en appliquant l'axe de recherche intermédial aux discours scientifiques (Fopa). Cet axe de pertinence conduit à une redéfinition des énonciations scientifiques en tant que processus intermédiaires de démultiplication et donc à une « intermédialité scientifique ». Comme le soulignent Ngueu et Nomo, la recherche scientifique devrait maintenant être étayée dans le sens d'une telle intermédialité.

Cette hypothèse de base est par la suite mise en œuvre dans une série d'études de cas paradigmatiques inspirantes qui déploient un large éventail de processus intermédiatiques et de rencontres entre les sciences naturelles et les textes littéraires. Le spectre de ces études va des intermédialités entre anthropologie et textes *littéraires* dans le roman *Mémoires de porc-épic* d'Alain Mabanckou (Julia Galmiche), aux diffusions et aux transgressions du théâtre moderne (Christofi) de Kantor jusqu'au roman hypermédial *La formule de Dieu de* Dos Santos (Jiatsa).

Dans ce sens, les articles de ce volume réclament une révision des théories et approches scientifiques en général et des sciences sociales en particulier, ceci en termes d'un axe de pertinence intermédiatique. Cette révision ne donne probablement pas toujours une réponse à des ultimes questions de notre existence, de Dieu, ou de l'univers, mais à des questions fondamentales par rapport à nos *constructions médiatiques de réalités sociales* et de systèmes de connaissances qui tentent de nous offrir des explications de ces réalités – et ceci dans un sens historique qui se base sur des approches phénoménologiques ou ontologiques.

N'oublions pas qu'une telle entreprise nous confronte toujours avec les tendances évasives de phénomènes intermédiatiques qui sont seulement accessibles à travers les traces qu'ils ont laissées.

Cette préface est dédiée à François Guiyoba

Introduction

Parce qu'ils s'inscrivent dans son histoire, les différents types de succédanés du Verbe se présentent comme des lacis interdiscursifs sur le double plan paradigmatique et syntagmatique, dont une des parfaites illustrations est le discours artistique qui, depuis quelques décennies, fait l'objet d'intenses études intermédiales. Or, le discours scientifique est un de ces succédanés. De la sorte, il peut être soumis au crible de l'intermédialité selon les mêmes conditions que les autres discours institutionnels, à l'instar du discours artistique. Le postulat qui soutient cette démarche est que le fait intermédial y est aussi spécifique. Dès lors, les questions ci-après ne sont pas superflues et invitent à la réflexion. Qu'est-ce qu'un fait intermédial ? Quelle est la spécificité du discours scientifique en arts, lettres et sciences humaines en tant que succédané du Verbe et discours institutionnel ? En quoi est-il intermédial ? En quoi le principe intermédial participe-t-il de cette spécificité ? En quoi ce principe est-il spécifique ici ? Quelles sont les implications heuristiques et herméneutiques du regard intermédial sur le discours scientifique ? La présente collection d'essais considère que le discours intermédial relève de codes médiatiques différents ; que le discours scientifique est institutionnellement original, ouvert, rationnel, métadiscursif et interdisciplinaire ; que sa nature intermédiale réside en cela ; que cela est un phénomène du noumène intermédial ; que ce noumène est spécifique ici en ce qu'il relève, non pas de la création, mais de l'heuristique et de l'herméneutique ; et que la perspective intermédiale peut justement aider à mieux appréhender cette heuristique et cette herméneutique scientifiques. Les outils servant à l'analyse sont ici : l'interdiscursivité, l'interdisciplinarité, l'intermédialité (transmédialité, intermatérialité, re-médiation, etc.), l'épistémologie des sciences, etc. Plus encore, le concept opératoire de médialiture ou médiascripture (Guiyoba, 2015), avec ses composantes d'hypermédia et d'hypomédia susceptibles de rendre compte du phénomène intermédial dans le cadre spécifique de l'art littéraire, ne se restreint plus aux seules interactions entre la littérature et les autres arts, mais s'étend à ses intrications avec les différentes autres formes de productions socioculturelles.

Deux axes structurent la présente collection d'essais. La première porte sur l'analyse des grands discours scientifiques de tous les temps. Fopa passe au crible la critique littéraire comme pratique intermédiale selon une approche descriptive et analytique soutenue par la théorie générale de l'intermédialité (Guiyoba, 2020). Il définit les *médiasèmes* comme les unités minimales de différentiation de l'objet médiatique, sorte de représentations de sa double articulation scriptovisuelle (morphème) et phonique, et dont la combinaison constitue le *médiasemème* (unité fondamentale de l'objet médiatique). Ces deux outils conceptuels permettent de décrire les modalités d'énonciation du discours scientifique en lettres comme fait intermédial tant au niveau de sa structure de surface qu'au niveau de la constitution profonde de ses composants. Le critique analyse les procédés de comparaison, de citation et de référence comme des mécanismes intramédiatiques et hypomédiatiques. Il montre, pour finir, que le discours scientifique est, par son fonctionnement, un système de démultiplication des possibilités intermédiatiques selon le principe de « l'autorégulation rhizomatique », dont l'enjeu est la ritualisation d'une pratique de production spécialisée, puis le renouvellement de la perception et de la production des connaissances rationnelles dans le champ littéraire. Ngueu et Nomo s'inscrivent dans le même ordre d'idées et orientent leur réflexion vers l'épistémologie du discours scientifique. Ils explorent les linéaments intermédiatiques des approches éco/géocentrées comme le lieu des transversales entre diverses disciplines fonctionnant comme des médias scientifiques. Ils considèrent que, du fait de leur opacité sémantique, les termes « interdisciplinarité », « multi/pluri/polydisciplinarité » et « transdisciplinarité » pourraient être substitués par celui d'« intermédialité scientifique », pour mieux traduire la nature du discours scientifique.

Le second axe porte sur les perspectives heuristiques et herméneutiques de l'intermédialité en arts, lettres et sciences humaines. Julia Galmiche présente *Mémoires de porc-épic*, du romancier d'origine congolaise Alain Mabanckou, comme une médiascripture en raison de l'intrication entre le texte qui fonde l'intrigue du récit et le discours scientifique ayant pour objet l'exotisme anthropologique qu'il englobe. Parce que le propos sur l'anthropologie est mis en abyme par le texte littéraire – ici hypermédia –, il a caractère hypomédiatique. L'enjeu épistémologique de cet enchevêtrement médiatique est de mettre en évidence le discours scientifique sur l'exotisme anthropologique transcendé ici par la littérature pour en dégager la littérarité. D'une part, Galmiche, étudiant les jeux « de stéréotypes » puis de « contre-lecture anthropologique » qui mettent pour ainsi dire les rationalités de la théorie de l'exotisme anthropologique en demeure, montre d'une part, comment l'auteur fait preuve d'une apparente complicité vis-à-vis de l'esthétique exoticisante afin de mieux la critiquer, puis, d'autre part, utilise les conventions de cet exotisme anthropologique à des fins politiques.

D'un tout autre point de vue, le théâtre de Tadeusz Kantor fait l'objet de la réflexion de Christakis Christofi. Il s'agit en effet d'une esthétique postdramatique par sa composition à la croisée de divers médias du domaine des arts – les photographies avec leurs relents de suggestions mémorielles, la musique, la peinture, la sculpture –, tous pris en charge par les jeux de la scénographie. Christofi définit ce théâtre kantorien comme une œuvre manifestaire, qui élargit les possibilités de la théorie de l'œuvre d'art en général mais surtout de la création théâtrale. Il montre également comment Kantor réécrit l'histoire du théâtre en surfant sur le choix de l'écriture fragmentaire et sur l'effacement du personnage qui n'a pas plus d'importance que les autres objets... Ces situations se chargent du caractère imprévisible de la représentation comme dans la pièce « happening » en raison de l'irruption inattendue des spectateurs, puis de l'auteur dans le jeu scénique ainsi que de l'élargissement de l'espace fictionnel à l'espace du réel.

Enfin, relisant *La formule de Dieu* de Dos Santos, Jiatsa montre que ce roman hypermédiatique transcende les discours à la fois scientifiques et religieux et dans une parfaite mise en abyme qui les met en interaction. Il exploite la notion de transdisciplinarité au sens d'Edgar Morin (1997) pour qui les savoirs devraient être « des-embrigadés », puisque la prévalence disciplinaire, séparatrice, nous fait perdre l'aptitude à relier, l'aptitude à contextualiser, c'est-à-dire, à situer une information ou un savoir dans son contexte naturel. Cette transdisciplinarité considérée comme pratique intermédiale, lui permet de poser la littérature comme « le père » des sciences puis de montrer comment l'idée de l'existence/ absence de Dieu est rendue possible à la lumière des sciences comme la cryptographie, la cryptologie, la paléographie, l'astronomie, les mathématiques, la physique, etc.

Ces essais introduisent de façon originale la réflexion sur une « intermédialité scientifique », prolongeant ainsi le débat sur un axe de pertinence intermédial toujours en construction. En interrogeant le rapport de la science aux processus intermédiatiques, ils inaugurent un vrai questionnement sur l'activité de chercheur et de la sorte, ils invitent à une exploration nouvelle des constructions épistomologiques en Arts Lettres et Sciences humaines

François Guiyoba (†)
Roger Fopa Kuete
Albert Jiatsa Jokeng

Discours scientifiques et intermédialité

La critique littéraire : une pratique intermédiale
Structures et modalités d'énonciation

Roger Fopa Kuete
Université de KwaZulu-Natal

La critique littéraire est un discours scientifique spécialisé. Elle se donne pour objet l'étude des œuvres littéraires considérées comme art et comme forme de savoir. Sa construction est fondée sur l'étude d'artéfacts en vue de mettre en évidence les réalités touchant à la sensibilité, aux mouvements des idées, à la culture tels qu'ils sont représentés dans la fiction. Elle est de l'ordre de l'heuristique et de l'herméneutique. Sa vérité n'est pas soumise aux lois de la logique binaire vrai/faux. La preuve de la vérité littéraire se trouve dans les constantes de sa propre apparition. Cette preuve n'a aucune commune mesure avec une autre preuve qui la précède, mais elle s'impose comme telle, et est régie par les seuls critères de sa nouveauté et de son esthétique. Une expérience littéraire ne succède pas nécessairement à une autre de façon identique. Par exemple, le fait pour Ronsard de mépriser Malherbe ou pour Hugo de fouler aux pieds les règles poétiques de Boileau n'enlève rien au génie de chacun de ces théoriciens qui marquent, pour ainsi dire, chacune des générations qui se succèdent, devenant alors de véritables classiques. En d'autres termes, le manifeste du romantisme – la préface de *Cromwell* (Hugo, 1828) – que tout (ou presque) oppose à *L'Art poétique*, (Boileau, 1674) ne rend pas pour autant le romantisme plus vrai artistiquement et scientifiquement que le classicisme. La vérité littéraire n'est donc pas une constante immuable. Même si parfois elle se nourrit des propositions esthétiques l'ayant précédée, elle ne leur enlève pas leur qualité scientifique. C'est en cela que la littérature demeure le lieu de perpétuelles interrogations, se réinventant au gré de la sensibilité des gens qui traversent diverses époques.

L'objectif de cet article est donc de montrer, à l'analyse de quelques articles de littérature d'expression française, que la critique littéraire est non seulement un fait, mais aussi une pratique intermédiale ; qu'en tant que discours scientifique spécifique, elle fonctionne comme un système de démultiplication de possibilités de construction de la connaissance à l'intersection de nombreux médias. Ce système est fondé sur un réseau de connexions entre les productions de même nature, que nourrissent les procédés tels : la référence, la citation, la comparaison…, et suivant le principe de « l'autorégulation rhizomatique » (Guiyoba 2000 : 328). Je décris, dans un premier temps, ses formes et ses modalités d'énonciation ainsi que les différentes dimensions de sa déclinaison tant au niveau de leurs structures de surface que de la constitution profonde de ses composantes. J'étudie, ensuite, ses imbrications avec les autres formes de productions culturelles, de même nature ou non, notamment à travers l'emploi des citations, puis du procédé de la comparaison, pour montrer qu'elle est une pratique intermédiale.

La théorie générale de l'intermédialité (Guiyoba, 2020) sert de soubassement épistémologique à cette étude. Elle prolonge l'intuition première dans les études intemédiatiques, qui considéraient le phénomène intermédiatique comme un *work in progress* (Müller, 2006), faisant des interactions entre média et autres séries culturelles l'enjeu majeur de cet axe de pertinence. Guiyoba considère, en effet, l'intermédialité comme le principe général de l'existant. Ce principe se décline selon deux modes d'existence : le culturel mimant le naturel. Le discours scientifique serait non seulement le « résultat de pratiques socio-culturelles, [mais surtout] un mimétisme de la nature, au même titre sinon plus que les autres formes de mimétisme » (Guiyoba, 2020 : 328). Je parviens à la conclusion que la forme particulière de son énoncé participe d'un jeu de ritualisation de cette production spécialisée dans la perspective d'un renouvellement de la perception et de la production des connaissances dans le champ littéraire.

La critique littéraire : formes et modalités d'énonciation

La critique littéraire, par son objet, ses approches et les formes de sa déclinaison, se distingue des autres types de discours et de pratiques cultuelles ou rituelles dans le vaste champ de la sphère socioculturelle. Saisie du point de vue de sa matérialité, c'est-à-dire l'apparence sensible des objets qu'elle représente, elle porte en elle les fragments constitutifs de la connaissance scientifique spécifique au domaine des lettres. Elle se distingue des autres formes de discours scientifiques qui, dans leur acception générale, ne peuvent pas s'interpréter de plusieurs façons. Elle se décline sous des formes diverses : manifeste, théorie, essai, article, méthode, thèse... Elle s'intéresse à un domaine spécifique de la connaissance – études postcoloniales, études culturelles, études de genres... –, et porte sur une question précise. Elle est articulée selon une forme conventionnelle et normée, puis obéit à une démarche précise : problématique, hypothèse, théorie – féminisme, formalisme, comparatisme...–, méthode – sociocritique, thématique, sémiotique... –, interprétation et conclusion. Elle est donc l'émanation d'une construction qui se veut cohérente, pertinente et opérante. Ses traits caractéristiques sont la clarté, la précision et la rigueur de l'argumentation. Un discours critique est donc dit scientifique lorsqu'un « énonciateur présente, commente ou enchaîne logiquement [...] divers énoncés » (Hérault, 1971 : 59).

En particulier, l'article scientifique en Lettres est assujetti à des protocoles qui déterminent son mode de construction du savoir. Avant toute publication, il est soumis à l'évaluation d'un comité scientifique qui est une instance de validation. La réputation et la notoriété de ses membres contribuent à la légitimation du savoir. La fonction de cette instance est de garantir la vérité scientifique de l'article. Parce qu'une norme présentée sous une forme de grille d'appréciation permet de vérifier l'intérêt scientifique et la cohérence de l'argumentation, l'article scientifique en littérature est spécifique en tant que discours et, de ce fait, relève du noumène du rationnel. Il est généralement diffusé dans des revues[1] spécialisées, ou des périodiques.

La critique littéraire est soutenue sur le plan syntagmatique par ce qu'on appelle l'énonciation du raisonnement. Les tournures spécifiques de cette forme particulière d'énonciation que relève Hérault (1971, *ibid.*) sont : les schémas adverbiaux – adverbes connecteurs, de point de vue ou contextuels –, les tournures impersonnelles – il appert, on en vient à la conclusion que, cela se voit à... –, les verbes de jugement – je considère, je suppose, je soutiens... – et les adverbes introductifs –au demeurant, d'une part, d'autre part, en conclusion, en outre, par ailleurs... –. Par ailleurs, l'énoncé constitutif de cette forme de discours combine ordinairement des signes linguistiques avec des chiffres, des symboles et autres formes de graphisme. Chaque composante de cette structure morphosyntaxique communique une information spécifique sur des réalités sensibles. Ainsi, ces différents

---

[1] Dans l'histoire de l'édition scientifique, les premières revues apparaissent dès la fin du XVIIe siècle et sont généralement hébergées par des sociétés savantes. Lire Guédon, Jean-Claude et Loute, Alain. 2017. « L'histoire de la forme revue au prisme de l'histoire de la « grande conversation scientifique » », ***Cahiers du GRM*** [En ligne].

éléments constitutifs du discours scientifique ne reposent ni sur les mêmes mécanismes d'encodage ni sur les mêmes modes d'interprétations. C'est la liaison entre les énonciations de raisonnement qui sont par essence linguistique avec les autres systèmes d'encodage (signes, symboles...) qui forment le squelette logique du discours. Composé par fragments, son « énoncé est organisé avec des ruptures, des passages d'un système codique à un autre. Enfin, il s'articule avec ce qu'il est convenu d'appeler l'illustration du texte » (Jacobi 42). Bien plus, « les liaisons entre les énonciations, celles de raisonnement et les autres assurent la « cohérence sémantique » du discours scientifique (Hérault, 60).

Dimension scriptovisuelle et métalinguistique

La matière de la critique littéraire a une dimension scriptovisuelle. Comme le démontre Jacobi (*Ibid*. 42), elle est un donner à lire et à voir. Ses composantes non linguistiques n'ont pas qu'une valeur illustrative. Elles signifient au même titre que les structures linguistiques qui lui sont associées et dont elles complètent le sens. Par exemple Hervé Tchumkam, étudiant l'usage du corps féminin au XIXe siècle en France dans l'œuvre de *Carmen* de Mérimée, convoque le point de vue d'un autre critique qui lui sert de fil d'Ariane pour le développement de son propre raisonnement. L'enchaînement est le suivant :

> Pour Brooks, le corps de la prostituée constitue le point de rencontre entre l'Eros et le commerce : « the body of the prostitute is clearly the meeting point of Eros and commerce » (Brooks 2002 : 145). Peter Brooks apporte la preuve que les lecteurs par le jeu de la demande et de l'offre […] se constituaient en véritable co-auteurs du roman. Selon l'analyse qu'il en fait, *Les Mystères de Paris* ne serait pas un roman conçu en « laboratoire », mais finalement une fiction « co-rédigée » par Eugene Sue et ses lecteurs dont les

demandes et requêtes modifiaient sans cesse l'intrigue. (Tchumkam 2020 : 172)

Outre l'argument convoqué et qui se décline en une suite morphosyntaxique, la référence (Brooks 2002 : 145) se laisse interpréter comme un lien particulier pour la constitution du raisonnement dans cette forme spécialisée de discours scientifique. Elle est normée sous le label de style APA (American Psychological Association). L'information qu'elle communique répond à la structure : Qui ? Quand ? Quoi ? Où ? Elle est de nature alphabétique – Brooks –, numérique –2000, 145 – puis symbolique – (, : –. Les parenthèses, guillemets, et souvent les crochets sont donc, entre autres, des symboles qui participent à la construction de l'énonciation du raisonnement dans l'article scientifique en littérature. Outre le texte en lui-même qui obéit à une logique précise, tous ces éléments qui composent le discours scientifique se dispersent de façon originale sur une surface scripturale. Jacobi (*Ibid*. 42) décrit cette dispersion sous le nom de « polysystème graphique ».

La critique littéraire se distingue également par l'usage d'un lexique particulier, une terminologie propre qui constitue le métalangage approprié selon l'objet étudié. De manière générale, une « bonne terminologie est possible dès lors qu'elle consiste à équiper un domaine de connaissance d'un vocabulaire qui ne présente pas la variabilité contextuelle et l'instabilité sémantique des unités du langage ordinaire » (Neveu 2007 : 106). Par exemple, l'usage de la sociocritique comme approche d'interprétation et d'analyse textuelle dans un article scientifique impose la considération d'une terminologie particulière qu'évoque Maurus dans son article traitant du cotexte et du sociotexte.

> Les concepts de cotexte et de sociotexte ont été forgés par Claude Duchet dans le cadre de sa réflexion théorique sur la sociocritique, [et se conçoivent] comme dépassement de l'opposition stérile entre les sociologies contextuelles de la

littérature et les formalismes (structuralistes) pratiquant la clôture du texte. La sociocritique s'articule donc autour du *texte*, conservant ainsi une trace des débats avec les formalistes, texte qu'elle nomme *sociotexte*. (Maurus : en ligne)

Les concepts de cotexte et de sociotexte font partie du métalangage particulier à la sociocritique et, comme on le voit, ils sont « déterminé[s] à partir d'un principe fondamental de différenciation, et donc d'identité » (Neveu 2007 : 105). Ils garantissent à cette approche méthodologique une certaine autonomie et à l'analyse d'un corpus donné, une plus grande cohérence. Plus encore, comme le montre Candel (2005), ils se situent entre la science et le discours comme la lexicologie est entre la langue et le discours. C'est pour cette raison que chaque discipline scientifique a son propre dictionnaire : (Joëlle Gardes-Tamine et Marie-Claude Hubert 2002) *Dictionnaire de critique littéraire ;* (Greimas et Courtes 1979) *Sémiotique : dictionnaire raisonné de la théorie du langage*, etc. On observe ainsi qu'au niveau de sa structure profonde, l'énoncé du raisonnement scientifique en littérature se compose au croisement de diverses disciplines – terminologie, sémantique, morphosyntaxe, néologie, graphologie, linguistique, lexicologie, épistémologie, logique… –, pour cette raison, la critique littéraire est une pratique transdisciplinaire.

Chaque matériau évoqué ci-dessus (signe linguistique, signe numérique, métalangage, symbole, concept, etc.) est chargé d'un potentiel de signifiés autonome qu'on peut considérer comme des connaissances élémentaires qui aident à l'élaboration du savoir scientifique dans sa complexité. En tant que supports et moyens d'intelligibilité considérés exclusivement dans les conditions clairement définies à l'instar de l'énonciation d'un raisonnement scientifique en Lettres, ils deviennent tous des unités fondamentales de différentiation de l'objet médiatique que nous appellerons *médiasemèmes*. C'est l'imbrication de plusieurs *médiasemèmes* ayant chacun une relative autonomie et, selon une logique précise, qui permet de constituer une structure syntagmatique porteuse de l'information ou du savoir scientifique. Étant donné que tout discours scientifique a une dimension scriptovisuelle, chaque *médiasemème* peut lui aussi être décomposé à un niveau plus profond en unités minimales que nous appellerons des *médiasèmes* et qui équivalent à la double articulation phonique et morphologique de la composante (ici signe linguistique, symbole, graphe, chiffre, etc.).

Fonctionnement du raisonnement scientifique en Lettres : un fait intermédial

Il est à noter que la critique littéraire est, dans le vaste champ des productions culturelles, de nature académique, c'est-à-dire qu'elle suit avec une rigueur ténue les conventions édictées par la communauté des gens des Lettres, généralement des universitaires, des écrivains et dans une large mesure, des journalistes. Les notions d'efficacité et d'opérationnalité qui la caractérisent incluent systématiquement le facteur social comme leitmotiv. Il importe alors de se demander, dans un premier temps, quelle corrélation il existe entre la connaissance et les moyens par lesquels elle se manifeste à l'intérieur du discours scientifique. Les éléments de l'énoncé du raisonnement scientifique en critique littéraire entretiennent une relation de *coprésence*. Cette relation est à comprendre comme une « juxtaposition » de différentes instances médiatiques qui le composent et qui le métamorphosent. Nous sommes en présence d'un cas exemplaire de phénomène intermédial appelé hybridité. Si Müller y voit une énième inflation conceptuelle dont la fortune résiderait « dans son utilité pour l'analyse et la description d'une grande quantité de processus disparates qui s'étendent de la biologie jusqu'aux études des médias » (Müller 2006 : 103), Guiyoba l'inscrit, quant à lui, dans la suite logique du mimétisme de la nature par la culture qui en est un succédané.

Les composantes : *Brooks, 2000, 145, cotexte,* «, (, ..., ainsi que les extraits linguistiques qui forment l'énoncé de raisonnement sont donc des *médiasemèmes*. C'est leur association qui constitue le discours scientifique et l'érige en fait intermédial. En d'autres termes, la constitution de ce discours scientifique n'est possible que dans la croisée et la complémentarité des divers canaux médiatiques élémentaires qui le composent. L'ensemble des séquences du discours scientifique est soit défini par le langage commun, soit codifié par le métalangage du domaine disciplinaire. On note par ailleurs que dans le fonctionnement interne du discours scientifique en littérature, les signes et les symboles fonctionnent chacun dans une relative autonomie et s'insèrent harmonieusement dans la syntaxe énonciative, faisant du discours scientifique une construction hybride. Ils sont tous des supports de diffusion de fragments de l'information nécessaire dans leur singularité et suffisants dans leur totalité pour la constitution du discours scientifique. La première grande composante est linguistique et patente ; la seconde, du domaine des symboles et latente. C'est de leur juxtaposition selon un ordre précis – squelette logique – que la connaissance émerge. En cela, il est un fait intermédial.

En tant que fait intermédial, il est aussi spécifique dans sa configuration interne, c'est-à-dire du point de vue de son squelette logique, par la perméabilité et l'interconnectivité de ses constituants. La critique littéraire conçue comme fait intermédial peut donc se concevoir comme le lieu de convergences médiatiques qui concourent non seulement à la construction du sens, mais aussi à sa diffusion. Il se caractérise par son aspect formel, notamment à travers le support servant d'interface dans le jeu de l'information/diffusion, puis par ses matériaux constitutifs qui peuvent dans un incessant mouvement de va-et-vient se muer tout autant en support (média) qu'en contenu de l'information.

La critique littéraire comme pratique intermédiale

La rationalité littéraire quête perpétuellement sa validité aux confins des autres discours scientifiques qui lui sont contemporains par le biais de la contestation, de la réfutation, de la reformulation, de l'amélioration. Elle opère alors sur la modalité de connexion, notamment l'intramédialité qui est un sous-système de phénomènes intermédiatiques, et qui prend forme à travers la citation– intertexte – puis la localisation – référence – ; moyen par lesquels un argument, substrat spécifique d'un discours x, est mis en liaison avec un argument lui aussi substrat d'un autre discours spécifique y. Des normes institutionnalisées fondent l'usage des citations et des références (modes APA, MLA, etc.), tout en les distinguant de toute forme d'imposture dans la manipulation des savoirs existants.

La citation et la référence : la mutualisation des savoirs comme prétexte du déploiement du réseau intermédiatique

Dans le processus de l'argumentation et de la démonstration, citations et références ont vocation à valider une étape cruciale de la conjecture avancée *ante*. Ainsi perçues, elles peuvent être envisagées comme des traits distinctifs du discours posé comme discours scientifique, du moins dans son aspect formel. Les citations et les références sont aussi le lieu de la construction d'une sociabilité scientifique et professionnelle (Milard 2010 : 70). Elles aident à construire un réseau de pertinence en ce qui concerne les savoirs d'un champ disciplinaire au croisement de plusieurs autres domaines disciplinaires. Par ailleurs, elles mobilisent non seulement des chercheurs que les pratiques méthodologiques et les congruences épistémologiques rapprochent, mais aussi ceux que les choix idéologiques et herméneutiques opposent. C'est ainsi que pour toute publication dans les revues en *open access* par exemple, le procédé de la référence induit systématiquement la visibilité et l'accessibilité à tous les travaux cités, notamment à partir de l'adresse codifiée DOI (Digital object identifier system). De la sorte, au-delà de la solidarité entre chercheurs, elles fondent le discours scientifique comme le lieu de démultiplication de possibilités intermédiatiques et de fluidité du savoir. Ainsi considéré, dans la sphère culturelle comme dans la sphère naturelle d'ailleurs, le discours scientifique

> apparaît comme un vaste champ intermédial dans lequel chaque entité est de nature intermédiale et entretient avec les autres des relations variées en un réseau tel que l'ensemble de la nature constitue un tissu rhizomatique infini et inextricable. [Ainsi], l'*un* se trouve consubstantiellement en miroir dans le *tout*, et inversement, que ce soit dans la perspective créationniste ou la perspective évolutionniste des choses. (Guiyoba 2020 : 328-9)

Les références et les citations font également office de supports essentiels dans la pratique du discours scientifique en ce qui concerne sa composante structurelle et formelle. C'est ainsi qu'elles participent d'un processus de ritualisation, sorte de doxa singulièrement exclusive et communément admise par la communauté des scientifiques, et, entre autres facteurs, distinguent le discours scientifique de toute autre forme de discours en le rendant spécifique.

L'exemple de la comparaison : une constante essentielle de l'interaction médiatique

Lorsque le texte littéraire (hypermédia) transcende d'autres types de discours portant sur les arts, les sciences ou toutes autres formes de productions culturelles (Hypomédias), il s'établit un dialogue entre les savoirs qui le traversent et, en conséquence, entre les réflexions critiques qui en découlent. Riguet et Mpouli (2016) considèrent la comparaison comme une haute figure de dialogisme entre divers médias, en raison de l'interaction qu'elle établit entre le texte littéraire et d'autres productions culturelles. Explorant l'œuvre de quelques auteurs du 19ᵉ siècle à l'instar de Lamartine, de Zola ou de Renan, ces critiques s'intéressent à la façon dont « deux discours entrent en interaction et s'activent l'un l'autre sur le plan structurel, à travers un nouveau réseau de ressemblances/différenciations qui participent de leur affirmation singulière » (*Ibid.*). Ce procédé, visible à travers l'appropriation de champs notionnels mis en évidence sous le mode de la description, et empruntés à la biologie, à la chimie, à la psychologie, la photographie, la musique, le cinéma, la peinture, etc., constitue une superposition de médias qui, pour ce point en particulier, ouvre le champ à une redéfinition de l'objet littéraire au cœur de laquelle se construit le complexe paradigmatique de la rencontre entre les autres productions culturelles et la littérature.

En effet, la description qui émane de cette fusion médiatique se situe à la croisée de deux plans de perception totalement opposés : en science par exemple, elle « est censée être la représentation exacte d'une entité repérable dans le monde naturel, tandis que le texte littéraire (réaliste) n'exige pas du tout que la chose représentée se conforme à une réalité observée, mais simplement qu'elle soit une chose dont l'existence dans le monde est possible » (Budlin,

1994 : 67). Le champ littéraire perçu comme autonome voit ses cloisons épistémologiques s'élargir par ce croisement de savoirs, imposant à la réception la double exigence de la rêverie solitaire dans les mondes imaginaires, et la rigidité caractéristique des méandres de la logique scientifique. Les tournures impersonnelles que s'impose le discours scientifique s'évanouissent dans l'illusion réaliste qui fait vivre le discours littéraire. Par ce fait, elles fondent un relativisme poétisé dans la posture du sujet scientifique immobilisé dans la fiction d'une part, puis à travers l'énonciation qui rend compte des réalités du monde, et que la science aborde avec un sérieux insolent, de l'autre.

Ainsi posée, la comparaison se détache de sa fonction d'évocation dont le but est de soutenir une argumentation pour se mettre au service de la valorisation du discours littéraire. Le résultat de cette interaction médiatique est que « la science légitime le projet de la critique littéraire, mais elle opère consécutivement un renversement axiologique en imposant la valeur de vérité, à laquelle les valeurs esthétiques et éthiques se retrouvent subordonnées » (Riguet et Mpouli : *Ibid.*). Contredisant Bachelard (1938) pour qui les images sont des « lumières parasites » qui séduisent et détournent l'esprit, l'épistémocritique (Pierssens, 1991), qui a pour objet le savoir du texte littéraire comme celui de sa critique et qui interroge ses procédures de réécritures et ses effets, problématise la question du seul pouvoir de la raison scientifique. C'est ainsi que, « livré à l'ironie ou à la fantaisie, le savoir [scientifique] est alors déconstruit par une littérature critique, ou subverti de telle sorte qu'une nouvelle poésie, étrange, antirationnelle, peut en surgir » (Seginger, 2019 : 16).

Conclusion

En raison de sa très grande flexibilité, la critique littéraire, à travers les procédés de transfert, d'analogie, de greffe, etc., se laisse ainsi traverser par divers modes de représentation et d'expression de savoir, et devient en quelque sorte un réceptacle archéologique des connaissances. Elle est donc le foyer intermédiatique au cœur duquel les considérations historiques, les frontières disciplinaires, les conflits d'identification et de validation des savoirs se figent devant l'impératif poétique de penser l'esthétique du vivant en tant que vivant. Elle cherche, à la croisée de ces domaines variés, les réponses à la fois rationnelles, esthétiques, poétiques et même mystiques, un peu comme si elle quêtait une sorte de totalité en tant qu'art. C'est ce qui la fonde à la fois comme fait intermédial et aussi comme pratique intermédiale. La connaissance issue de cette critique est donc par essence un lieu de l'enfouissement au cœur des méta-médias en interaction marqués dans des discours qui lui servent de support, et qui se déploient sous le mode de la diffusion papillon de son noyau interne à sa structure de surface. Elle invite tous les modes – sensitif, mental, spirituel, etc. – de préhension de l'expérience directe des réalités organisées en données et fait du discours critique en littérature un système polymorphe qui se recompose dans son extension permanente et s'autorégule en toute autonomie.

Références bibliographiques
Corpus

Boileau, Nicolas. 1674. *L'Art poétique,* Paris, Denys Thierry.
Hugo, Victor. 1828. *Cromwell*, Paris, Ambroise Dupont et Cie, libraires.
Maurus, Patrick. (sd.) « Cotexte et sociotexte », dans Anthony Glinoer et Denis Saint-Amand (dir.), **Le lexique socius**, URL : http://ressources-socius.info/index.php/lexique/21-lexique/167-cotexte-et-sociotexte, page consultée le 03 septembre 2021.

Riguet, Marine et Mpouli, Suzanne. 2016. « À la croisée des discours littéraire et scientifique : La comparaison comme haute figure dialogique ». In *Digital Humanities*, ADHO, Cracovie, Pologne, pp.330- 333. hal-01363712.

Tchumkam, Hervé. 2020. « De l'usage du corps féminin au XIXe siècle en France : à partir du Carmen de Mérimée ». In *French Studies in Southern Africa*, N° 50, pp. 165-183.

Autres

Bachelard, Gaston. 2004. *La Formation de l'esprit scientifique.* Paris : J. Vrin.

Candel, Danielle. 2005. « La terminologie entre science et discours ? Remarques sur la terminologie institutionnelle », ***Linx***, 52, pp. 85-96.

Guédon, Jean-Claude et Loute, Alain. 2017. « L'histoire de la forme revue au prisme de l'histoire de la « grande conversation scientifique » », ***Cahiers du GRM*** [En ligne], 12, mis en ligne le 28 décembre 2017, consulté le 03 juin 2021. URL : http://journals.openedition.org/grm/912 ; DOI : https://doi.org/10.4000/grm.912

Guiyoba, François. 2020. « Proposition pour une théorie générale de l'intermédialité » In Albert Jiatsa Jokeng, Roger Fopa Kuete, et François Guiyoba. (Dir), *Intermédialité : Pratiques actuelles et perspectives théoriques.* Paris : Lucie Editions, 2020.

Hérault, Daniel. 1971. « Remarques sur le discours scientifique ». *Mathématiques et sciences humaines*, tome 35, pp. 59-65.

Hopkins Butlin, Nina. 1994. « Autour des papillons : La description scientifique et la description littéraire ». *Initia(e)s*, vol 14, Langue et terminologie spécialisée / Specialized Language and Terminology, pp. 67-76.

Jacobi, Daniel. 1984. « Du discours scientifique, de sa reformulation et de quelques usages sociaux de la science ». In *Langue française*, n°64, 1984. Français technique et scientifique : reformulation, enseignement. pp. 38-52.

Milard, Béatrice. 2010. « Les citations scientifiques : des réseaux de références dans des univers de références. L'exemple d'articles de chimie », *REDES- Revista hispana para el análisis de redes sociales*, Vol.19,#4, http://revista-redes.rediris.es NeveuFranck. 2007. « Singularités langagières du discours scientifique : l'exemple du discours linguistique ». In *Pratiques : linguistique, littérature, didactique*, n°135-136. Le style en question. pp. 101-118.

Müller, Jürgen Erich. 2006. « Vers l'intermédialité. Histoires, positions et option d'un axe de pertinence », ***Médiamorphoses***, n. 16, 2006, p. 100.

Pierssens, Michel.1990. *Savoirs à l'œuvre : essais d'épistémocritique*, Villeneuve d'Asq : Presses Universitaires de Lille.

Séginger, Gisèle. 2019. « Introduction ». *Romantisme*, 1, n° 183, pp. 5-14.

Le substrat intermédiatique de l'épistémè ultracontemporaine : le cas des approches éco/géocentrées

Floribert Nomo Fouda et Luc Claude Ngueu
Université de Yaoundé 1 (Cameroun)
Centre de Recherche en Littérature Comparée

D'orientation métathéorique et métadiscursive, notre propos se situe dans le sillage de l'intermédialité ontologique telle qu'appréhendée par François Guiyoba dans un article intitulé « Propositions pour une théorie générale de l'intermédialité » (2020). Prenant le contre-pied de Jürgen E. Müller (2006 : 99), relativement à ses réserves sur la possibilité d'un « système théorique clos capable de traiter tous les phénomènes intermédiatiques », Guiyoba procède à « des projections sur une théorie de l'intermédialité générale ». Il en résulte que les jeux de l'être-entre, auxquels l'étymologie de l'intermédialité nous renvoie, « ne sauraient se limiter à la seule sphère (socio-)culturelle sans se manifester au niveau de la sphère naturelle » ; d'autant plus que

> La nature apparaît comme un vaste champ intermédial dans lequel chaque entité est de nature intermédiale et entretient avec les autres des relations variées en un réseau tel que l'ensemble de la nature constitue un tissu rhizomatique infini et inextricable. [Ainsi] l'*un* se trouve consubstantiellement en miroir dans le *tout*, et inversement, que ce soit dans la perspective créationniste ou la perspective évolutionniste des choses (Guiyoba, 2020 : 328-329).

L'ontologie susmentionnée ouvre des perspectives de recherche ambitieuses telles que l' « application du principe médial aux sciences humaines et naturelles » (2020 : 332), à l'instar des approches éco/géocentrées dont le présent article s'attache justement à explorer les linéaments intermédiatiques. Notre visée est de démontrer que ces approches, qui constituent un des succédanés de l'épistémè ultracontemporaine[1], se déploient en un maelstrom intermédial. S'y entrelacent harmonieusement : la critique, la poétique, la géographie, l'architecture, la cartographie, la chorographie, l'écologie, la zoologie, l'éthologie, la mathématique, l'éthique, la politique, entre autres médias scientifiques (pris dans l'acception de Guiyoba pour qui toute discipline est un média). De la sorte, la prise en charge heuristique et herméneutique de cet entrelacs de médias scientifiques érige tout chercheur dans ce domaine en un véritable tisserand intermédial.

On l'aura compris, nous aurons recours à la théorie générale de l'intermédialité de François Guiyoba, de même qu'à la démarche méthodologique subséquente[2]. Si, comme

---

[1] L'adjectif « ultracontemporain » se rapporte ici non pas à la praxis intermédiale dont on sait qu'elle transcende les temporalités, mais au discours épistémique construit et formalisé depuis la première décade du 21ème siècle et dont les approches éco/géocentrées font partie. Nous considérons ainsi que l'époque contemporaine, que le monde anglo-saxon situe de 1945 à nos jours, peut se subdiviser en trois grands moments : le *contemporain* (du début des années 1940 à la fin des années 1960), l'*extrême contemporain* (terme inventé par Michel Chaillou) (du début des années 1970 à la fin des années 1990) et l'*ultracontemporain* (de 2000 à nos jours).

[2] Les étapes de cette démarche sont les suivantes, dans l'ordre : 1- Définir le milieu de la médialité étudiée (exemples : création artistique, communication, médias, milieux physique, chimique, génétique, cosmique, nucléaire, atomique, biologique, etc.). 2- Préciser le type de médialité sur lequel on se penche, (exemples : intermédialité, transmédialité, hypermédialité, hypomédialité, immédialité/in-médiateté, etc.). 3- Dégager le schéma de cette médialité, c'est-à-dire en montrer la configuration et la dynamique dans l'objet d'étude (exemples : hybridation, métissage, recyclage, transposition, mise en abyme, remédiation, etc.). 4- Déduire de ce schéma la structure profonde, c'est-à-dire la loi qui en régit la médialité, cette structure pouvant être naturelle ou culturelle. 5- Soumettre à l'épistémologie l'analyse ainsi effectuée, c'est-à-dire en dégager les intérêts herméneutique, heuristique et pragmatique, les deux premiers étant

le soutient ce chercheur, l'« être-entre » est la caractéristique essentielle de l'étant, il va de soi que cet « étant » a partie liée avec le discours scientifique éco/géocentré. Or le postulat, l'objet, le contexte, le mode opératoire, le métalangage et la finalité de ce dernier sont en adéquation satisfaisante avec la prémisse selon laquelle l'intermédialité, en tant qu'« être entre », est « le principe général de l'existant » (Guiyoba, 2020 : 330). La complexité des relations entre les médias scientifiques impliquant une préhension globale et non individuelle, l'ontologie intermédiale sera enrichie par la systémique d'Edgar Morin (1994) dont les thèses sur l'interdisciplinarité, la poly/pluri/multidisciplinarité et la transdisciplinarité préconisent des « empiètements et migrations interdisciplinaires » ou, pour coller à notre hypothèse, intermédiatiques. Pour axer la démonstration, nous passerons d'abord en revue les différentes approches éco/géocentrées, puis nous en cernerons l'ontologie intermédiale avant d'en interroger, si possible, les implications sur ce qu'il convient d'appeler, *a priori*, le faire/l'identité épistémologique du chercheur ultracontemporain.

Panorama des approches éco et géocentrées

À l'ère de l'anthropocène, les approches éco/géocentrées peuvent être appréhendées comme des outils d'exégèse des textes ayant pour but d'articuler des perspectives dialogiques entre, d'une part, la critique littéraire et l'écologie (approches écocentrées) et, d'autre part, la même critique et la géographie (approches géocentrées). Elles ont en commun de vouloir replacer le lien entre l'homme et la Terre au centre des débats : « Géo-centré – géo en grec

---

d'ordre scientifique, et le troisième d'ordre socioculturel (Guiyoba, 2020 : 331-332).

signifie la Terre – ou éco-centré – *oikos*, la maisonnée en grec, est à la base du concept d'environnement » (Bouvet, 2013 : en ligne). Se situant aux antipodes des présupposés épistémologiques du formalisme et du textualisme qui ont dominé la recherche dans les années 1970, elles s'inscrivent dans un contexte mondial marqué par des crises environnementales multiformes : changements climatiques, disparition des espèces, pollution de la biosphère, cataclysmes naturels, réduction de la nappe phréatique, rétrécissement de la couche d'ozone, fonte des glaciers, surexploitation et appauvrissement des ressources édaphiques et pédologiques ; dysfonctionnements ayant conduit une chercheure comme Anaïs Boulard (2014 : 36) à subodorer les signes apocalyptiques de la fin des temps :

> L'Homme, à l'issue de ce siècle sanglant, sent venir sa fin. Un sentiment eschatologique émerge alors, et entraine avec lui une réflexion sur ce qui nous entoure : si nous connaissons notre aptitude à l'autodestruction, devons-nous aussi nous porter responsable de la destruction du monde ? Le sentiment eschatologique s'accompagne en effet désormais d'une crainte environnementale […] L'Homme prend progressivement conscience des conséquences de ses actes et modes de vie sur le monde. L'inquiétude qui naît est à la fois écologique (elle concerne l'*oikos*, la « maison », le cadre vital des hommes) et eschatologique (on s'imagine que l'état de déréliction du monde n'offrira plus de porte de sortie, et qu'un point de non-retour a été atteint).

Face à l'imminence de cette apocalypse écologique, la critique littéraire opère sa mue, en élargissant notamment la focale épistémique du point de vue anthropocentrique à la perspective éco/géocentrée. D'où la floraison des outils d'analyse tels que la géocritique, la géopoétique, l'écocritique, l'écopoétique, la zoopoétique ; ceux-ci attestent à suffisance que l'environnement naturel et la géographie sont une préoccupation majeure du discours scientifique ultracontemporain en lettres. Nous voudrions esquisser une vue d'ensemble de ces approches, à l'effet d'en cerner quelques interférences, intersections, connexions mais aussi quelques nuances conceptuelles et épistémologiques.

Science des espaces littéraires, la géocritique naît dans un contexte universitaire en France au tournant des années 2000. C'est lors d'un colloque en littérature comparée portant sur « La Géocritique, mode d'emploi » que des chercheurs tels Bertrand Westphal, Jean-Marie Grassin et Daniel Henri Pageaux en délimitent les contours épistémologiques dans leurs communications regroupées, la même année, dans un ouvrage éponyme considéré comme fondateur. Elle sera formalisée plus tard dans un essai au titre évocateur : *La Géocritique. Réel, fiction, espace* (Westphal, 2007). Sa naissance est subséquente aux insuffisances observées dans les théories de l'espace, depuis Gaston Bachelard (*La Poétique de l'espace*, 1957), Pierre Sansot (*Poétique de la ville*, 1973), jusqu'à la géophilosophie, en passant par la mythocritique, l'imagologie, la thématologie et la déterritorialisation/reterritorialisation deleuzo-guattarienne. Son objet d'étude est l'espace humain, selon le postulat qu'il existe des échanges entre celui-ci et la littérature, qu'il faut explorer ; elle « examine les interactions entre espaces humains et littérature afin de contribuer à la détermination/indétermination des identités culturelles » (Westphal, 2005 : en ligne). Les genres privilégiés sont le roman et le récit de voyage. Ontologiquement, cette approche est interdisciplinaire, étant donné qu'elle alimente des affinités avec la géographie, la sociologie, la politique, la philosophie, etc. ; selon une méthode qui se décline en quatre points cardinaux : la multifocalisation (perception plurielle du même espace ou perception de plusieurs espaces par une même sensibilité), la polysensorialité (étude des perceptions sensorielles générales dans le texte), la stratigraphie (investigation de l'histoire géographique d'un lieu) et l'intertextualité (observation de la configuration d'un lieu dans plusieurs textes d'écrivains différents ou d'un même lieu dans les œuvres d'un auteur). Le moins qu'on puisse dire est que la recherche, ici, est restreinte aux espaces humains dont il faut cerner la dimension littéraire, dresser une cartographie fictionnelle, en vue de « situer l'œuvre [étudiée] en perspective d'un référent spatial plus ou moins largement exploité par ailleurs » (Westphal, 2005 : en ligne).

C'est tout le contraire de l'écocritique qui émerge dans les universités américaines dans les années 90 et se développe dans l'univers anglo-saxon. Formalisée par Cheryl Glotfelty (1996), directrice du collectif *The Ecocriticism Reader*, elle marque le début des réflexions sur le rapport entre la littérature et l'environnement :

> De même, dit-elle, que la critique féministe aborde le fait littéraire par le biais d'une perspective centrée sur le genre, l'écocritique va mettre en place dans les études littéraires une approche centrée sur la Terre. Les questions que la discipline se pose vont de la manière dont la nature est représentée dans tel texte à l'étude des interactions entre littérature et sciences de l'environnement dans tel autre, en passant par l'analyse critique des enjeux de l'écologie politique en littérature ou celle de la sagesse écologique. À côté de la race, de la classe et du genre, l'écocritique entend poser le lieu comme catégorie critique nouvelle (traduction de Pierre Schoentjes, 2015 : 21).

L'approche ambitionne donc d'explorer les relations de la littérature à l'environnement naturel, objet cible motivé par la montée exponentielle des catastrophes naturelles et la destruction très rapide de la biosphère depuis la seconde moitié du $20^{\text{ème}}$ siècle. D'orientation essentiellement pédagogique, elle intéresse une diversité de pratiquants (critiques, universitaires, artistes, militants des verts, éducateurs en environnement, etc.) ; lesquels adoptent une posture interdisciplinaire, sollicitant aussi bien le savoir de la géographie environnementale que celui de l'écologie, autant pour l'écriture que pour la lecture des textes littéraires ; le postulat étant celui de la sensibilisation de l'homme contemporain au sujet de la protection de la nature par le biais de la littérature ; cet état de choses impliquant nécessairement un parti pris militant et idéologique.

Théorisée en France par Pierre Schoentjes, l'écopoétique, en revanche, se démarque du militantisme radical distinctif de l'écocritique. Publié en 2015, l'ouvrage *Ce qui a lieu. Essai d'écopoétique* cerne les nouveaux contours que pourrait prendre l'étude de la littérature dans ses rapports avec l'environnement naturel. La part d'engagement écologique y est certes prégnante (l'écopoétique est aussi une écopolitique), mais l'accent est beaucoup plus mis sur la question des formes, du *faire littéraire* ; fondement artistico-esthétique formulé dans cette mise au point théorique et épistémologique :

> Dans son étymologie, « écopoétique » renvoie […] au grec *poiein*, à un faire littéraire qu'interroge toute poétique. Le mot partage en outre une racine avec « écologie », construit sur *oikos*, qui désignait la maison mais dans un sens qui englobe tant la demeure et les terres que les membres de la famille. Si pour le scientifique, l'écologie est l'étude de l'interaction entre les organismes et l'environnement, pour le grand public, le terme réfère à une attitude qui prend en considération l'interconnexion de tous les êtres vivants et se montre soucieuse de la manière dont nous habitons la Terre. Cette responsabilité de l'homme envers l'environnement se traduit par des prises de position éthiques et politiques dont l'éventail est large et varie de manière importante d'un pays à l'autre (Schoentjes, 2015 : 15).

Contrairement à l'écocritique anglo-saxonne qui priorise les enjeux éthiques et sociaux de la représentation de l'environnement naturel en littérature, l'écopoétique privilégie donc les qualités esthétiques dans la mise en œuvre du même objet. Cette approche poïétique requiert un corpus approprié dont le théoricien délimite les empans : les promenades, les fictions, les témoignages de solitude dans la nature, les récits d'expériences pastorales et les essais d'écrivains sur les rapports homme-nature.

Autre approche écocentrée, la zoopoétique (à l'instar de l'écopoétique) repose également sur le primat du travail de l'écriture. Anne Simon, sa fondatrice, la rattache aux études animales littéraires renvoyant à toutes les formes d'appréhension de la question animale dans les textes littéraires. À l'en croire, la zoopoétique permet « non seulement d'aborder l'animalité humaine, mais aussi d'interroger la possibilité pour le langage créatif d'exprimer des affects et des rapports non-humains au monde » (2016 : 73). Cette approche demande qu'on envisage la littérature comme un *art du déplacement et du décentrement* : déplacement de la perspective anthropocentrée vers une perspective zoocentrée ; ce d'autant plus que les œuvres littéraires, dans leur diversité, donnent à voir une variété de bêtes singulières, souffrantes, heureuses, grandes, minuscules, etc., ayant en commun la vie. Loin d'être une discipline nouvelle, la zoopoétique est une attention, une vigilance, un souci pour ces nombreuses bêtes qui semblent avoir perdu leur place dans un monde annexé par l'homme. L'objectif est donc, comme le souligne Simon,

> de mettre en valeur la pluralité des moyens stylistiques, linguistiques, narratifs, rythmiques et thématiques […] pour restituer la diversité des comportements, des affects et des mondes animaux, tout comme la richesse des interactions entre bêtes et humains. Elle interroge donc à nouveaux frais les tempos et les phrasés, les effets de liste ou d'ellipses, les structurations narratives et syntaxiques, les alternances de points de vue, les innovations topiques, bref cet ensemble de manières d'écrire qui permet à un auteur d'engager le lecteur dans le monde d'une bête singulière (2007 : en ligne).

La méthodologie zoopoétique est soucieuse de plusieurs critères : l'ancrage historique des problématiques, des formes et des genres littéraires (il faut revisiter les œuvres des siècles passés selon des questionnements qui étaient les leurs ou qui étaient passés inaperçus par la critique) ; la forme (contrairement aux *Animal studies* et à l'*Ecocriticism* qui reposent exclusivement sur le militantisme, l'approche renoue avec les dimensions créatives de la littérature, pour mettre en valeur le rôle positif des formes inédites dans la rénovation de l'éthique et de la question animales) et, surtout, l'interdisciplinarité (la zoopoétique établit des transversales entre les différentes formes de savoirs sur les bêtes : éthologie de terrain, zootechnie, biosémiotique, paléontologie, sociologie, anthropologie, droit, etc.).

Dernière approche éco/géocentrée envisagée, la géopoétique, à l'origine, est un champ de recherche et de création fondé par le poète et philosophe écossais Kenneth White. Rachel Bouvet, l'une de ses têtes d'affiche, y voit deux déclinaisons : d'une part la « poésie de la terre » et, d'autre part, « il s'agit de percevoir la beauté du monde, de comprendre les infimes modifications de son environnement naturel ou urbain, mais aussi de créer, de composer avec des idées, des mots, des images, toutes sortes de matériaux » (2013 : en ligne). Son objet d'étude est la Terre en général, la relation de l'homme contemporain à celle-ci : il englobe celui de la géocritique (l'espace humain ou habité) et celui de l'écocritique et de l'écopoétique (les espaces naturels). Les genres privilégiés sont aussi englobants : poésie, récits de voyages, fragments, essais et écrits sur la nature. La démarche, dans cette logique, consiste en des excursions dans la nature, sans distinction de lieu, avec pour objectif de familiariser les adeptes avec des sites variés. La finalité est que ce contact avec la nature engendre de nouvelles sensations chez les hommes, de nouvelles perceptions à même de générer un nouveau rapport à l'espace ; la spécificité de ce rapport de type nouveau résidant dans le fait qu'il est débarrassé des préjugés antérieurs forgés dans les représentations imaginaires (mythocritiques et imagologiques) des lieux de la terre.

Parce qu'elle est plus un champ de recherche et de création qu'une grille de lecture, la géopoétique est *transdisciplinaire*, et non pas *interdisciplinaire* comme les approches précédentes. Pour cette raison, elle n'exclut aucun mode d'expression, la dynamique de la pensée pouvant se déployer sous toutes les formes : l'écriture, le dessin, la sculpture, la photographie, l'aménagement des sentiers et des jardins, etc. *Grosso modo*, c'est un champ de recherche dans lequel se croisent les sciences (la géographie y occupant une place prépondérante), les arts et la littérature. D'où la nécessité d'une approche géopoétique du texte littéraire s'inscrivant à la croisée des disciplines ; approche qui, selon Rachel Bouvet, « s'efforce de saisir le texte littéraire dans sa singularité, en convoquant des savoirs spécifiques : la géographie humaine et physique, la cartographie, la géologie, la botanique, les théories littéraires de la narration, de la description, de la lecture, etc. La réflexion porte aussi bien sur le processus d'écriture, qui configure l'espace, que sur le processus de lecture au cours duquel s'opère une certaine refiguration spatiale[1] » (2013 : en ligne). Quatre principes sont mis en avant : le *dehors*, qui stipule que la lecture ou l'écriture vient après l'exploration physique du monde/des lieux dans toute sa/leur diversité ; le *mouvement*, et qui préconise la marche (randonnées,

---

[1] Au sujet de cette dernière démarche géopoétique dont le but, selon Bouvet (2008 : 127), est « de retracer une *intentio auctoris* […] en replaçant le texte dans le parcours de l'écrivain », *cf.*, par exemple, Rachel Bouvet, « Pour une approche géopoétique de la lecture. Avancées dans l'univers de Victor Segalen », in Rachel Bouvet et Kenneth White (ed.) (2008), *Le nouveau territoire. L'exploration géopoétique de l'espace*, Université du Québec à Montréal, *Figura*, Centre de recherche sur le texte et l'imaginaire, coll. « Figura », n° 18, p. 127-145.

excursions, traversées, escalades organisées dans les ateliers de géopoétique) ; le *dépouillement,* qui met en avant la remise en question des automatismes coutumiers vis-à-vis de l'espace pour saisir le divers ; la *marge*, enfin, qui signifie le retrait, la distance prise par rapport à la posture familière ou aux systèmes de pensée dominants dans une société donnée. À ces principes correspondent symétriquement quatre dimensions empruntées aux mathématiques pour asseoir la démarche heuristique et herméneutique du texte littéraire : le *point* d'ancrage du paysage, la *ligne* tracée par le parcours du randonneur/excursionniste/marcheur, la *surface* de la carte et les *volumes* à habiter (nous y reviendrons).

Succinctement, les approches éco/géocentrées ambitionnent de replacer le lien entre l'homme et la Terre au centre de la réflexion. Leur nuance fondamentale a partie liée avec leur objet d'étude, c'est-à-dire, l'espace habité (géocritique), la terre dans son ensemble (géopoétique), l'environnement naturel dans une perspective militante (écocritique), l'environnement naturel dans une perspective non plus militante mais esthétique (écopoétique), les animaux en tant qu'éléments écosystémiques (zoopoétique). Cela dit, ces approches ont en commun de reposer sur un socle tantôt interdisciplinaire (géocritique, écocritique, écopoétique, zoopoétique), tantôt transdisciplinaire (géopoétique). Or, pour peu qu'on leur applique le principe médial, on se rend à l'évidence que ce socle inter/transdisciplinaire est caractéristique d'une intermédialité scientifique luxuriante.

Jeu de l'« être-entre » : approches éco/géocentrées et intermédialité scientifique

Pour Müller (2006 : 100), les médias sont des « processus où il y a des interactions permanentes entre des concepts médiatiques qui ne peuvent être confondus avec une simple addition ou juxtaposition ». Son approche intermédiale se fonde sur la rencontre, le croisement et la concurrence des médias dont tout acte de *déréclusion* doit se préoccuper :

> Si nous entendons par « intermédialité » qu'il y a des relations médiatiques variables entre les médias [...] et que leur fonction naît entre autres de l'évolution historique de ces relations, si nous entendons par « intermédialité » le fait qu'un média recèle en soi des structures et des possibilités d'un ou de plusieurs autres médias, cela implique alors que la conception d'un type monadique de média est à exclure (Müller, 2007 : 95-96).

Cette acception de l'intermédialité est restreinte à la sphère socioculturelle ; ce dont témoigne l'étymologie de la notion, qui « nous renvoie au jeu de l'« être entre », avec ses *dimensions de valeurs comparées*, et aux *différences matérielles ou idéelles* entre des personnes ou des objets mis en présence, c'est-à-dire à la *matérialité des médias* » (2006 : 100). On peut pourtant étendre cette aperception müllerienne de « média » / « intermédialité » bien au-delà de la sphère socioculturelle ; ce sur quoi, d'ailleurs, l'« ontologie intermédiale » ou l'« intermédialité ontologique » de François Guiyoba se penche :

> Sa quintessence se trouve dans l'hypothèse selon laquelle l'intermédialité est le principe général de l'existant, celle-ci étant validée par déduction à partir des postulats sur l'existant et des modes d'existence ; cette hypothèse et ces postulats étant liés entre eux par une syntaxe syllogistique qui les régit de manière à valider ladite hypothèse sur le plan formel. [Cette] théorie voudrait permettre de comprendre le caractère intermédial de l'existant à toutes les échelles et quelle qu'en soit la nature et, par ricochet, essayer de contribuer à l'interprétation de certains mystères tels que ceux de la création, de l'évolution et de l'expansion de l'univers (2020 : 331).

En partant de cette hypothèse, le point de départ de l'ontologie intermédiale des approches éco/géocentrées est la nécessité pour le chercheur de tenir compte du fait que concevoir les « médias scientifiques » comme des « monades » isolées est aujourd'hui irrecevable ; le vocable « média scientifique » référant ici à chacun des domaines disciplinaires. De la sorte, une redéfinition de l'intermédialité s'impose, si est satisfait de façon holistique le principe quintessentiel de l'être-entre. L'intermédialité renverrait alors, aussi, au *fait qu'un média scientifique recèle en soi des principes ou des possibilités d'un ou de plusieurs autres médias scientifiques* ; de façon que chacune des approches éco/géocentrées déclinées *supra* soit saisie tel un maelstrom de plusieurs hypomédias scientifiques interagissant avec l'hypermédia « critique littéraire ». Les plus prégnants de ces médias sont la géographie, l'urbanisme, l'architecture, la géologie, la pédologie, l'édaphologie, la botanique, la zoologie, les mathématiques, la cartographie. Chacun apporte à l'hypermédia « critique littéraire » sa spécificité, son savoir et son regard dans l'intelligibilisation des phénomènes littéraires, suivant un principe relationnel de base dont l'origine remonte à la loi kantienne de l'action réciproque. Le mode de raisonnement, dans ces conditions, est bien d'ordre syllogistique, qui stipule que tout ce qui relève de l'existant est ontologiquement intermédial ; or les approches éco/géocentrées relèvent de l'existant ; donc elles sont ontologiquement intermédiales. Cela exclut la conception desdites approches comme des sortes de monades scientifiques ; ce d'autant plus que la complexité des objets qu'elles mobilisent (environnement, territoire, urbanisme, climat, développement, etc.) nécessite une préhension éclectique conduisant le critique à s'émanciper des schémas classiques pour être à jour avec les exigences épistémologiques actuelles.

Une telle ontologie suppose l'appréhension de l'intermédialité « en tant qu'objet, fait ou phénomène, et cela n'est possible qu'en compréhension » (Guiyoba, 2020 : 327) ; ce qui invalide donc, de la part du chercheur, toute perspective exclusive et inductive. Les échelles de l'intermédialité scientifique, dans ce cas, se rapportent aux sciences environnementales, humaines et exactes ; chacune participant de la formalisation de l'un des axiomes théoriques des approches éco/géocentrées. Relativement à l'interaction entre critique littéraire et sciences environnementales, l'échange médial se situe au niveau du postulat, de l'objet et de la démarche du discours scientifique éco/géocentré. Son postulat fédérateur, on le sait, repose sur l'existence d'une relation dialogique entre la littérature et la géographie/écologie/environnement, dont il faut explorer les (en)jeux. Avant toute chose, le chercheur s'approprie ce principe relationnel naturel de porosité des frontières entre critique littéraire et sciences environnementales. D'où l'objectif de cerner la dimension littéraire des référents environnementaux et géographiques. La démarche ne peut être qu'heuristique, poétique (dans le sens de dynamique fondamentale de la pensée) et herméneutique, à la fois. Elle est heuristique parce qu'il faut procéder à un inventaire des référents géographiques et environnementaux (qu'ils soient climatologiques, hydrologiques, pédologiques, édaphologiques, chorographiques, géomorphologiques, sismologiques, éthologiques, ornithologiques, zoologiques, agronomiques, etc.). Elle est poétique parce que l'intelligence du texte (*noû poiêtikos* d'Aristote) appelle à l'évaluation de la contribution des référents au faire littéraire (personnage botaniste, pédologue, géologue, zoologiste, géographe, naturaliste, éthologue, écophile, écophobe, écologiste, etc. ; innervation des paliers narratifs/actantiels par les savoirs, artifices et paradigmes environnementaux et géographiques ; chronotope écologique et géographique, etc.). Enfin, la démarche est herméneutique du moment où le principe (inter) médial conduit à la mise en lumière de l'*intentio auctoris* (valorisation de l'habiter écologique et de la pharmacopée en littérature, mise en exergue de la mémoire des lieux géographiques et écologiques dans le texte, etc.). Cela requiert pour le chercheur la mobilisation d'un savoir encyclopédique, compte tenu des diverses médialités ou médiatetés scientifiques mises en jeu.

La deuxième échelle intermédiale concerne la critique dans ses rapports avec les sciences exactes. Ici, la démarche heuristique est empruntée aux mathématiques, comme le suggère, par exemple, Rachel Bouvet (2013 : en ligne) qui, proposant une approche géopoétique du texte littéraire, distingue les catégories géométriques du point, de la ligne, de la surface et du volume. La première dimension est le point d'ancrage du paysage qui tient compte du vécu, de l'expérience sensorielle, des émotions, bref de la dimension phénoménologique. La ligne est envisagée sous l'angle du parcours des personnages dont l'étude revient à « identifier toutes les lignes se croisant et s'entrecroisant sans cesse au cours d'un récit, que ce soit par la rencontre des différents intervenants, par le franchissement des lignes que sont les frontières, les rivages, les routes, par ces lignes de fuite aussi, qui apparaissent ici ou là le long des pages et qui permettent à la signification de se construire peu à peu » (Bouvet, 2013 : en ligne). Quant à la surface, elle autorise à poser la question de la cartographie mentale dessinée par le texte : « La carte implique une saisie globale de l'espace, une échelle qui pourra être celle du pays, du continent, des océans, de la planète, voire de la galaxie ». La dimension du volume, enfin, a partie liée avec la philosophie heideggérienne de l'habiter en tant que trait fondamental de l'être. Il s'agit, selon Bouvet, de « relier littérature, géographie et architecture afin de se demander si le récit par exemple peut lui aussi être considéré sous l'angle du bâtir, du faire habiter ». Ces transversales sont possibles dans les autres approches éco/géocentrées qui invitent constamment le critique à évaluer le dimensionnement et le plan des édifices, les plans d'urbanisation et la disposition géographique des maisons.

Mettant en relation la critique et les sciences humaines, la dernière échelle intermédiale considère la finalité d'une recherche éco/géocentrée, du point de vue axiologique. Les sciences humaines convoquées ici sont la politique, l'éthique, l'anthropologie, la psychologie et la sociologie, entre autres. La première aide à articuler la gestion politique de l'espace et des espèces : écopolitique (protection des forêts et des espaces verts, gestion efficiente des déchets, politique des catastrophes écologiques et des armatures urbaines) ; sauvegarde des droits des animaux (zoopolitique). La deuxième permet d'articuler une éthique environnementale, animale (la zoopoétique est une « zoopoéthique » selon Anne Simon). La géocritique est donc aussi une *géoéthique*. Corollairement, la géopoétique et l'écopoétique sont respectivement une *géopoéthique* et une *écopoéthique*, en ce sens qu'elles autorisent à mener une réflexion sur l'éthique de la terre et du vivant : élevage industriel, braconnage, protection des espèces rares, zoophilie, etc. Quant à l'anthropologie, la sociologie et la psychologie, elles permettent, une fois prises en compte dans le faire scientifique, d'interroger la nature du rapport de l'homme à son environnement ; rapport qui, bien qu'irénique dans certains cas (biophilie, écophilie, naturophilie), peut souvent s'avérer conflictogène, comme en témoigne la multiplication des comportements écocides à l'ère de l'anthropocène. Les approches éco/géocentrées se construisent, on peut le voir, sur la base d'un métissage qui favorise l'enchevêtrement, au sein d'un même discours scientifique, de médias hétérogènes reconnus scientifiquement comme distincts. Ce metissage les érige en un discours intrinsèquement intermédial, parce que naturellement ouvert au franchissement des frontières de la connaissance.

Par analogie à « l'œil extra-disciplinaire » (Morin, 1994), on pourrait parler, dans le cadre de ce discours scientifique, de « l'œil extramédiatique », pour caractériser le mouvement épistémologique (empreint de solidarité irénique) au cours duquel la critique (média scientifique) visite d'autres avenues telles que la géographie (géocritique, géopoétique), l'écologie (écopoétique, écocritique) et la zoologie (zoopoétique) ; empiètements et migrations intermédiatiques qui légitiment le postulat selon lequel tout discours scientifique est une pratique intermédiale permanente. Il en résulte que les termes « interdisciplinarité », « poly/multi/pluridisciplinarité » et « transdisciplinarité », dont les spécialistes ont tant de mal à trouver une nuance consensuelle[1], peuvent bien se

---

[1] Pour expliciter cette aporie sémantique fondatrice de ce qu'il appelle « *la pérestroïka scientifique* », Morin affirme : « L'interdisciplinarité peut signifier purement et simplement que différentes disciplines se mettent à une même table, à une même assemblée, comme les différentes nations se rassemblent à l'ONU sans pouvoir faire autre chose que d'affirmer chacune ses propres droits nationaux et ses propres souverainetés par rapport aux empiètements du voisin. Mais *inter-disciplinarité* peut vouloir dire aussi échange et coopération, ce qui fait que l'*inter-disciplinarité* peut devenir quelque chose d'organique. La *polydisciplinarité* constitue une association de disciplines en vertu d'un projet ou d'un objet qui leur est commun ; tantôt les disciplines y sont appelées comme techniciennes spécialistes pour résoudre tel ou tel problème tantôt au contraire elles sont en profonde interaction pour essayer de concevoir cet objet et ce projet, comme dans l'exemple de l'hominisation. En ce qui concerne la *transdisciplinarité*, il s'agit souvent de schèmes cognitifs qui peuvent traverser les disciplines, parfois avec une virulence telle qu'elle les met en transes. En fait, ce sont des complexes d'*inter*, de *poly*, et de *transdisciplinarité* qui ont opéré et qui ont joué un rôle fécond dans l'histoire des sciences ; il faut retenir les notions clés qui y sont impliquées, c'est-à-dire coopération, et mieux, articulation, objet

traduire par celui, plus fédérateur, d'« intermédialité scientifique », lequel serait basé sur l'idée qu'un média scientifique recèle en soi des structures et des possibilités d'autres médias scientifiques. Pour transposer la réflexion de Morin au domaine de la critique littéraire, nous dirons que les rencontres, échanges, connexions, interpénétrations avec d'autres domaines de la connaissance permettent à cette discipline (la critique) de « diasporer une semence » (Morin, 1994) d'où naissent de nouvelles disciplines scientifiques, en l'occurrence la géocritique, l'écocritique, l'écopoétique, la géopoétique, la zoopoétique ; résultat des noces iréniques de la critique avec la géographie, la zoologie, l'écologie, l'environnement, etc. La permutation des codes entre la géographie, l'écologie, la zoologie (et leurs disciplines affinitaires), fait de cette discipline littéraire une science « multifocalisée, polydimensionnelle, où les dimensions des autres sciences humaines se trouvent présentes, et où la perspective globale, loin d'être chassée par la multiplicité des perspectives particulières, est requise par celles-ci » (Morin, 1994 : en ligne). Construit sur le mode de l'être-entre, le principe intermédial aide, en fin de compte, à mieux saisir l'heuristique et l'herméneutique scientifiques ; heuristique et herméneutique fondées, dans le cas des approches éco/géocentrées, sur l'inter/pluri/multi/poly/transdisciplinarité, c'est-à-dire cette intermédialité scientifique dont devrait faire montre tout chercheur à jour de son épistémologie.

---

commun et mieux, projet commun » (1994 : en ligne). Dans l'intermédialité ontologique que François Guiyoba appelle de tous ses vœux, l'idée de réforme est patente puisque les disciplines (ou médias scientifiques) n'ont plus la possibilité de se tenir à distance ni d'afficher leur hégémonie les unes par rapport aux autres. Elles fonctionnent plutôt dans le cadre d'une solidarité irénique qui les porte à aller vers un projet commun : l'intelligibilité des phénomènes.

De l'intermédialité scientifique à l'identité épistémologique du chercheur ultracontemporain

Au regard des développements précédents, on peut dire que les théories, concepts et méthodes en vigueur dans les approches éco/géocentrées infèrent un corollaire qui, nous semble-t-il, n'a été que très peu abordé jusqu'ici, en raison (peut-être) de l'illégitimité dont peut souffrir tout chercheur face à des institutions de recherche (encore ?) enclines au compartimentage, au cloisonnement disciplinaire. Nous l'avons vu *supra*, les contours épistémologiques auxquels ces approches invitent l'exégète ont partie liée avec toutes sortes de stratégies intermédiatiques. Ces stratégies nous semblent révélatrices de l'identité du chercheur ultracontemporain. Bertrand Westphal voit l'interdisciplinarité qui a cours dans les études en lettres de deux façons, en fonction des circonstances et des audaces du chercheur :

> Le littéraire la perçoit souvent au sens étroit. Elle le conduit à une spéculation sur la géométrie variable des domaines esthétiques (liens entre littérature et cinéma, littérature et photographie, etc.). Ainsi entendue, elle se trouve au centre d'une pratique comparatiste bien établie. Mais l'interdisciplinarité peut être abordée […] en dehors et au-delà des affinités entre domaines esthétiques. La réflexion portera alors sur les éventuels rapprochements entre littérature et sciences humaines et sociales, voire, si l'extension est maximale, entre littérature et sciences « exactes » ou « dures » (2007 : 196).

C'est justement le dernier niveau de la taxinomie westphalienne qui rend compte de l'ipséité scientifique du chercheur ultracontemporain ; ipséité dont les implications touchent à la dimension heuristique, pragmatique et herméneutique (c'est selon). Le fait pour le chercheur intermédialiste d'avoir des connaissances encyclopédiques le prédispose à une posture éclectique observable dans sa capacité à franchir les liminalités des sciences pour se façonner une identité navicule. C'est ce qui ressort de la réflexion d'Ève Anne Bühler et ses collègues, relativement au rapport du chercheur à l'interdisciplinarité en sciences sociales :

> Tout à la fois scientifique, trouveur, expert, le chercheur doit être capable de tout comprendre, [...] de tout résoudre. Pour répondre à ces évolutions, les compétences doivent se diversifier, la connaissance se doit d'être précise tout en relevant de plusieurs domaines. Il nous semble alors nécessaire d'avoir, au moins, une attitude d'ouverture à l'égard des marges disciplinaires. Il faut avoir au mieux une connaissance épistémologique et une culture générale approfondie, de façon à connaître les possibilités d'allier et de compiler diverses avancées théoriques pour les orienter vers la résolution d'un problème empirique (dont il faut également connaître, au moins en surface, les multiples facettes) (2006 : 393-394).

Le chercheur doit donc avoir acquis ce qu'Edgar Morin (1994) appelle la « polycompétence ». Poussée à l'extrême, celle-ci favorise l'émergence de postures scientifiques caractérisées par la rétroduction (rupture de clôtures disciplinaires, dépassement/transformation des disciplines par la constitution d'un nouveau schéma cognitif) et l'abduction (invention d'hypothèses explicatives nouvelles) ; deux concepts respectivement hansonien et peircien. Par la rétroduction, le chercheur en approches éco/géocentrées butine dans les territoires de l'écologie, de la géographie, de la zoologie, etc. qu'il pollinise pour engendrer un discours scientifique créole, au sens glissantien du terme. Par l'abduction, il engendre de nouveaux possibles exégétiques permettant d'expliquer les préoccupations des œuvres littéraires d'aujourd'hui qui, dans leur immense majorité, accordent une place nodale aux problèmes de l'environnement. Ainsi, la « conjonction des nouvelles hypothèses et du nouveau schéma cognitif permet des articulations, organisatrices ou structurelles, entre des disciplines séparées et permet de concevoir l'unité de ce qui était alors disjoint » (Morin, 1994 : en ligne).

Cela s'observe, par exemple, à travers la collaboration scientifique entre des chercheurs aux horizons disciplinaires *a priori* distincts. Dans ce cas, l'activité heuristique devient un prétexte pour la rencontre des spécialistes de disciplines différentes dans le cadre d'un colloque, d'une journée d'étude, d'un séminaire, d'un laboratoire ou, comme l'ont déjà fait Marc Brosseau et Micheline Cambron, de la production d'un article scientifique. En septembre 2001, Micheline Cambron (critique littéraire) invite Marc Brosseau (enseignant de géographie) à participer à un numéro spécial de *Recherches sociographiques* sur le réaménagement des relations entre sciences humaines et littérature. Ayant inscrit ses recherches dans ce champ de réflexion, Marc Brosseau est fasciné par le projet et les deux spécialistes conviennent d'engager un dialogue épistolaire sur les rencontres de la géographie et de la littérature dont la décantation va, en 2003, donner lieu à un article intitulé « Entre géographie et littérature : frontières et perspectives dialogiques ». La teneur de ce dialogue interscientifique laisse voir une reconfiguration mutuelle, exprimée en termes de trajectoires :

1) Une géographie littéraire qui se penche sur la représentation des lieux dans la littérature. En participant d'un renouvellement par l'attention portée aux représentations (littéraires ou autres), elle a contribué à la dérive du continent disciplinaire. 2) Une réflexion sur le discours, en partie informée par la critique littéraire, dont certains prolongements ont conduit les géographes à travailler consciemment sur la forme qu'ils donnent à leurs discours (*littérarisation* partielle du discours). 3) Une poétique géographique... cette dernière prenant *congé* [...] des contraintes du discours universitaire pour réenchanter notre rapport au monde, à la nature, au paysage. En se croisant, ces trajectoires ont créé une sorte de constellation de préoccupations géographiques qui, sans avoir

nécessairement pulvérisé le vieux paradigme, l'ont remis en question sérieusement. […] Or, pour dire que les rencontres avec la littérature ont remis la géographie en question, il faut tenir compte du relais critique (et philosophique bien sûr) sans lequel les conséquences épistémologiques de ces rencontres n'auraient pas été manifestes (2003 : 537).

À l'avenir, l'épistémè s'enrichira certainement de contributions des géographes s'intéressant, comme l'a déjà esquissé Brosseau avec ses *Romans-géographes* (1996), à la littérature. Une perspective de cette nature a été pensée lors de la journée d'étude portant sur *Littérature francophone et géographie* en 2017, journée organisée par l'Équipe de recherche en Littérature comparée (ERLIC) de l'Université de Dschang (Cameroun) et dont les actes ont été publiés en 2019 aux Presses Universitaires de Dschang. Les axes de recherche avaient trait à l'espace dans la littérature et à la littérature dans l'espace. Toutefois, l'absence des géographes a fait de l'idée un *work in progress* qui autorise à penser qu'il y a là une intermédialité scientifique qui n'a pas encore atteint son apogée.

Conclusion

La mission de la science, affirme Edgar Morin (1994 : en ligne), « n'est plus de chasser le désordre de ses théories, mais de [le] traiter. Elle n'est plus de dissoudre l'idée d'organisation, mais de la concevoir et de l'introduire pour fédérer des disciplines parcellaires. Voilà pourquoi, un nouveau paradigme est-il, peut-être, en train de naître ». Ce nouveau paradigme, à notre avis, est l'intermédialité scientifique dont procèdent les approches éco/géocentrées. On sait avec Morin (1994) que les termes d'*interdisciplinarité*, de *multi-* ou *polydisciplinarité* et de *transdisciplinarité* sont difficilement définissables parce que polysémiques et flous. Pour surmonter cette aporie sémantique, pourquoi ne leur substituerions-nous pas celui, plus clair, plus éclairant et plus explicite, d'*intermédialité scientifique* ? Ce dernier nous semble traduire avec plus d'efficience les préoccupations heuristiques, herméneutiques et pragmatiques de l'épistémè ultracontemporaine. Loin de considérer les champs disciplinaires comme des monades scientifiques isolées, il les appréhende plutôt en termes de rencontre, croisement, interférence, partage, fertilisation, reconfiguration et, donc, métissage. Cet état de choses est spéculaire de la praxis scientifique d'aujourd'hui ; laquelle préconise la quête des passerelles susceptibles de mener le chercheur (qu'il soit géocriticien, écocriticien, écopoéticien, géopoéticien, zoopoéticien ou autre) hors de son champ d'expérimentation (la critique littéraire), à l'effet de tisser des liens (tel un maître d'œuvre) avec d'autres disciplines, dans une structure rhizomatique qui est la base même de l'intermédialité scientifique. Nul doute que les approches éco/géocentrées qui, à la faveur du *spatial turn*, prônent une préhension « interdisciplinaire » de la littérature, ont encore de beaux jours devant elles.

Bibliographie

Boulard, Anaïs. 2014. « La pensée écologique en littérature. De l'imagerie à l'imaginaire de la crise environnementale ». In *Figura*, n° 36, pp. 35-50.

Bouvet, Rachel. 2008. « Pour une approche géopoétique de la lecture. Avancées dans l'univers de Victor Segalen ». In Bouvet, Rachel et White, Kenneth (ed.). *Le nouveau territoire. L'exploration géopoétique de l'espace*, Université du Québec à Montréal, *Figura,* Centre de recherche sur le texte et l'imaginaire, n° 18, pp. 127-145.

Bouvet, Rachel. 2013. « Géopoétique, géocritique, écocritique : points communs et divergences ». Conférence présentée à l'Université d'Angers le mardi 28 mai à 18H [disponible sur] *https://vegetal.hypotheses.org/228* . Consulté le 5 mai 2019

Brosseau, Marc et Cambron, Micheline. 2003. « Entre géographie et littérature : frontières et perspectives dialogiques ». In *Recherches sociographiques*, vol. 44, n° 3, pp. 525-547.

Bühler, Ève Anne, Cavaillé, Fabienne et Gambino, Mélanie. 2006. « Le jeune chercheur et l'interdisciplinarité en sciences sociales. Des pratiques remises en question ». In *Natures Sciences Sociétés*, n° 14, pp. 392-398.

Guiyoba, François. 2020. « Propositions pour une théorie générale de l'intermédialité », in Albert Jiatsa Jokeng, Roger Fopa Kuete et François Guiyoba (Dir.). *Intermédialité. Pratiques actuelles et perspectives théoriques*, Nîmes, Lucie éditions, coll. « Essais et Littérature », pp. 323-333.

Morin, Edgar. 1994. « Sur l'interdisciplinarité », *Centre International de Recherches et études Transdisciplinaires* [en ligne] http://ciret-transdisciplinarity.org/bulletin/b2c2.php - Dernière mise à jour : Lundi, 12 octobre 2020 13:57:34. Consulté le 31 décembre 2020.

Müller, Jürgen Erich. 2006. « Vers l'intermédialité. Histoires, positions et options d'un axe de pertinence ». In *Médiamorphoses*, n° 16, pp. 99-110.

Müller, Jürgen Erich. 2007. « Séries culturelles audiovisuelles ou : Des premiers pas intermédiatiques dans les nuages de l'archéologie des médias ». In Marion Froger, Jürgen E. Müller (éds), *Intermédialité et socialité. Histoire et géographie d'un concept*, Münster, Nodus Publikationen, p. 93-110.

Schoentjes, Pierre. 2015. *Ce qui a lieu : essai d'écopoétique*. Marseille : Wildproject, Coll. « Tête nue ».

Simon, Anne. 2016. « Place aux bêtes ! Oikos et animalité en littérature ». In Elisa Bolchi et Davide Vago (Dir.). *Revue de l'analisi linguistica e letteraria XXIV*, « *Ecocritica ed ecodiscorso. Nuove reciprocità tra umanità e pianeta* », pp. 73-80.

Westphal, Bertrand. 2005. « Pour une approche géocritique des textes ». In *Bibliothèque comparatiste (Vox Poetica)*, URL : http://www.vox-poetica.org/sflgc/biblio/gcr.htm. Consulté le 25 février 2019.

Westphal, Bertrand. 2007. *La Géocritique. Réel, fiction, espace*, Paris : Minuit.

Processus intermédiatiques en arts, lettres et sciences humaines

Mémoires de porc-épic d'Alain Mabanckou : une réponse à l'exotisme anthropologique ?

Julia Galmiche-Essue
Université de Toronto

Le rapport entre littérature et science est sans doute l'un des plus épineux qui soit, ces deux modes de connaissance étant généralement perçus comme diamétralement opposés. La littérature, subjective par essence, appartiendrait ainsi au domaine de l'imaginaire, alors que la science, réputée objective, relèverait quant à elle de la raison. Et pourtant, textes littéraires et discours scientifiques ont bien plus en commun qu'on ne le croit. Nous pensons ici à ce que Mudimbe a appelé la « bibliothèque coloniale » (181), cet ensemble de savoirs anthropologiques, ethnologiques, sociologiques, linguistiques ou encore historiques nés de l'entreprise coloniale et qui ont contribué à la légitimer. En effet, ces savoirs, qui avaient avant tout pour mission de servir les objectifs de la colonisation, relevaient davantage de la fiction que de la réalité.

Ces derniers et, plus largement, les disciplines qui les portent sont perçus comme étrangers non seulement parce qu'ils découlent de la colonisation, mais aussi par leur caractère étrange, fictionnel. Ils constituent ainsi un terreau fertile pour les littératures africaines qui ont pour particularité de s'être constituées par rapport à eux. C'est notamment le cas de l'anthropologie qui, concernée par l'étude de l'homme, est loin d'être neutre puisqu'elle repose essentiellement sur une approche comparatiste qui met l'accent sur la différence et la diversité[1]. Pour ce faire,

---

[1] Il est intéressant à ce titre de noter que les premiers usages attestés de ces deux termes, tels qu'on les entend aujourd'hui, datent de la fin du XIXe siècle, une époque où l'expansion coloniale européenne battait son plein.

l'anthropologie a, dès le départ, puisé dans l'exotisme dont elle n'a jamais pu totalement se passer, et ce « malgré ses vertueuses dénégations » (Panoff 189). Or, dans le contexte colonial d'abord, puis postcolonial ensuite, l'exotisme consiste avant tout à rendre l'étranger attrayant par son absolue étrangeté[1].

L'exotisme anthropologique, qui ne fait donc qu'exploiter la tendance exotique inhérente à l'anthropologie, peut ainsi être défini comme une forme contemporaine de discours exoticisant qui invoque l'aura familière de cultures perçues comme étrangères, tout en donnant des clés aux lecteurs non-initiés pour percer les mystères de ces dernières (Huggan 37)[2]. C'est précisément ce discours anthropologique que nous nous proposons d'analyser dans le cadre de cet article, et ce dans une perspective intermédiale. En effet, dès l'origine, les études intermédiales ont encouragé le rapprochement entre les sciences du comportement, dont fait partie l'anthropologie, et les humanités auxquelles est rattachée la littérature[3]. On en veut pour preuve l'objectif clairement formulé de *The Canadian Journal of Anthropology and Communication*,

---

[1] Sa valeur est donc toute relative puisque ce qui est exotique pour l'un ne le sera pas nécessairement pour l'autre, et inversement.

[2] Une telle définition a ceci de problématique que l'exotisme anthropologique est une discipline inventée, institutionnalisée et contrôlée par l'Occident, qui a pour objet d'étude principal des cultures étrangères soumises ou ayant été soumises à l'autorité coloniale de ce dernier, ce qui établit une hiérarchie de fait. (Huggan 39 ; Kapferer 815).

[3] « Many scientists and scholars engaged in the study of human behavior have expressed concern in recent years with the lack of sufficient intellectual contact between such behavioral sciences as psychology, sociology, and anthropology on the one hand and such related disciplines as history, social and political philosophy, economics and business, law, and humanistic studies on the other. » (Darroch 4)

l'un, si ce n'est le premier journal académique dédié aux études intermédiales :

> We envisage a series that will cut across the humanities and social sciences by treating them as a continuum. We believe anthropology and communication are approaches, not bodies of data, and that within each the four winds of the humanities, the physical, the biological and the social sciences intermingle to form a science of man. (Darroch 15)

L'intermédialité est ici pensée comme l'étude des relations entre le discours anthropologique, social par essence, et la littérature. Nous adoptons ainsi la définition qu'en donne Will Straw, selon qui

> [i]l s'agit de se dégager d'une approche limitée aux médias d'information et de divertissement ou aux médiums de l'art pour envisager la *médialité* au sens large, en tant qu'elle renvoie aux modes d'objectivation, de transmission et de circulation de l'expression culturelle sous toutes ses formes. Elle peut donc désigner tout autant des objets et des machines que des formations discursives ou des formes de sociabilité. (Straw §10, en italique dans le texte)

Ce parallèle est d'autant plus intéressant que, au même titre que l'anthropologie, tout un pan de la littérature d'expression française, en particulier la littérature coloniale, s'est nourri de l'exotisme[1]. Paru en 2006, *Mémoires de porc-épic*, du romancier d'origine congolaise Alain Mabanckou, constitue selon nous une réponse à cet exotisme anthropologique. Le roman a pour narrateur un porc-épic, qui se trouve être le « double nuisible » d'un être humain, Kibandi, les doubles nuisibles, à la différence des « doubles pacifiques », étant destinés au mal. Alors qu'il attend sa mort, qui doit logiquement suivre celle de

---

[1] Nous renvoyons le lecteur à l'article de Guy Ossito Midiohouan sur le sujet. Voir Midiohouan, Guy Ossito. « Exotique ? Coloniale ? Ou quand la littérature africaine était la littérature des Français d'Afrique. » *Peuples Noirs Peuples Africains*, no. 29, 1982, pp. 119-126.

son maître auquel il est irrévocablement lié[1], le porc-épic raconte son histoire à un baobab, notamment ces missions étranges que lui confiaient Kibandi. *Mémoires de porc-épic*, qui a obtenu le prix Renaudot[2] l'année de sa sortie, développe selon nous ce qu'Huggan appelle un « exotisme stratégique » (32). Celui-ci comprend deux volets : il consiste, d'une part, à faire preuve d'une apparente complicité vis-à-vis de l'esthétique exoticisante pour mieux la critiquer et, d'autre part, à utiliser les conventions de cet exotisme anthropologique à des fins politiques.

Déconstruction
a. Jouer avec les stéréotypes

Le premier volet vise à déconstruire l'exotisme anthropologique pensé par l'Occident en *jouant* avec les attentes du lecteur occidental pour mieux *déjouer* la vision du monde de ce dernier. De prime abord, Alain Mabanckou semble satisfaire aux exigences du lectorat occidental en matière d'exotisme. Ce faisant, il use de stéréotypes généralement associés au continent africain, mais il ne s'agit là que d'un premier niveau de lecture auquel le lecteur aurait tort de s'arrêter. À l'évocation d'une faune locale généralement perçue comme exotique en Occident, à savoir les éléphants, les zèbres, les lions, les léopards, les hyènes tachetées, les chacals, les guépards, les tigres ou les panthères, succède une flore autochtone tout aussi dépaysante symbolisée par la brousse, le baobab, le marigot, le manguier, le flamboyant ou encore la noix de palme.[3] À cet exotisme géographique, succède un exotisme

---

[1] La mort de l'un entraîne la mort de l'autre.
[2] Prix littéraire français prestigieux qui récompense, chaque année, un roman d'exception.
[3] Exemples que l'on trouve aux pages suivantes : « éléphants » (18), « zèbres », « lions » (20), « les léopards, les hyènes tachetées, les chacals, les guépards, les tigres ou les panthères » (36), la « brousse »

social qui voit l'autochtone comme l'habitant d'un royaume buvant du vin de palme, travaillant comme fabricant de tam-tams ou de nattes, vêtu d'un long boubou en pagne et entouré de ses masques.[1]

Cet exotisme social est à rapprocher d'un certain discours anthropologique, présenté comme scientifique, qui ancre les individus dans un espace « autre ». Les noms sont ici doublement évocateurs puisqu'ils renvoient à la fois à une réalité aux consonances étrangères, à l'image de Kibandi, de la famille Moundjoula, des villages de Séképembé et de Siaki, du fleuve Niari, sans oublier la région de Mossaka, mais aussi à une réalité locale. En effet, en lingala, « Kibandi » signifie « banditisme » ou « façon d'être bandit », la Tante « Etali » est celle qui a une « façon de regarder », tandis que l'épicier « Komayayo Batobatanga » est affublé d'un patronyme signifiant littéralement « écris ton propre livre pour que les gens le lisent »[2]. Ce faisant, Mabanckou montre les limites d'une lecture purement anthropologique d'une réalité vue comme exotique en s'interrogeant sur les relations de pouvoir à l'œuvre au sein du texte et les relations qu'entretiennent différents lectorats ou communautés interprétatives (Huggan 46-47). Le roman africain doit ainsi être compris comme une production culturelle hybride à valeur intermédiale, dans la mesure où il met ici en lumière le

---

(36), le « baobab » (149), le « marigot » (86), le « manguier » (172), le « flamboyant » (173) ou encore la « noix de palme » (215).

[1] Exemples que l'on trouve aux pages suivantes : un « royaume » (95), du « vin de palme » (30), un « fabricant de tam-tams » (90) ou de « nattes » (117), un « long boubou en pagne » (94) ou encore des « masques » (106).

[2] Traductions extraites d'un article de Tshitenge Lubabu M. K. intitulé « Sacré Mabanckou ! », paru sur le site de Jeune Afrique le 13 novembre 2006, www.jeuneafrique.com/109296/archives-thematique/sacr-mabanckou/. Article consulté pour la dernière fois le 15 juin 2020.

relativisme inhérent à l'exotisme anthropologique. La lecture se veut donc double, comme l'illustre la terminologie employée pour décrire les meurtres commis par Papa Kibandi et son fils. En effet, Papa Kibandi est accusé, comme le sera plus tard son fils, d'avoir « *mangé* » (93) un certain nombre de gens et de « posséd[er] *quelque chose* » (89). L'utilisation de l'italique contribue à cette lecture double qui, au-delà du sens littéral, fait de l'Africain l'ogre de la fable, un cannibale primitif, mais aussi un possédé.

Toutefois, le lecteur aurait tort, là encore, de s'arrêter à ce premier niveau de lecture, la dualité étant le fil conducteur du roman et les hommes du récit endossant le rôle de l'homme blanc, comme nous le verrons par la suite. L'ogre, le cannibale ou le sauvage n'est donc pas nécessairement celui que l'on croit, l'auteur se jouant des clichés qui « réduisent les réalités africaines à des caricatures sous couvert d'un exotisme sans cesse renouvelé et de l'affirmation péremptoire de leurs dimensions magiques » (Devésa 104). Ces dimensions magiques trouvent à s'exprimer au travers des croyances africaines qui jalonnent le récit, à l'instar des croyances animistes, généralement associées aux sociétés qualifiées de « primitives » par l'homme blanc, mais aussi de leurs rites initiatiques par le biais du breuvage magique appelé « *mayamvumbi* » (17), la sorcellerie (Papa Kibandi est accusé d'être un sorcier), le fétichisme (à travers le féticheur Tembé-Essouka) ou encore les pouvoirs surnaturels attribués aux jumeaux dans les traditions africaines (Koty et Koté). Mais le fétichisme anthropologique de Mabanckou cherche précisément à se débarrasser de ses oripeaux colonialistes pour devenir le désaveu africain de l'Europe, et non plus le désaveu européen de l'Afrique (Syrotinski 69), ce dernier ayant toujours raison de ses détracteurs[1].

b. Contre-lecture anthropologique

À ce jeu sur les significations, qui cherchent à donner une lecture autre de cet exotisme stéréotypé, succède une contre-lecture anthropologique s'inscrivant dans la tradition du « postcolonial parody-reversal » développé par Huggan (42). En effet, cette idée d'une modernité vue comme le privilège de l'Occident à laquelle serait opposée une Afrique perçue comme « traditionnelle » a été construite par les anthropologues occidentaux, véhiculée par leurs discours et promue par les réseaux institutionnels dont ils faisaient partie. Le porc-épic nous explique ainsi qu'« une fois des Blancs sont venus ici pour observer » ce que le narrateur appelle « l'épreuve du cadavre qui déniche son malfaiteur » (140-141). Très répandu dans la région, ce rite consiste à demander à toute personne venant de décéder qui a été à l'origine de sa disparition, le concept de mort naturelle ne faisant pas partie des croyances locales. Cet épisode a, là aussi, une fonction double. D'une part, il renvoie le lecteur occidental aux limites de ses propres connaissances et à ses propres modèles culturels qui le conduisent à douter de la véracité des croyances africaines, les Blancs étant « persuadés que quelque chose ne tournait pas rond dans cette pratique » prise « pour de la simple rigolade » (143-144). De l'autre, c'est l'occasion pour le narrateur de s'essayer à une forme d'auto-ethnographie, qui a pour particularité de retourner la langue des anthropologues contre ces derniers. Ainsi, l'un des ethnologues

---

[1] Papa Kibandi supprimera ses ennemis, le féticheur Tembé-Essouka supprimera Papa Kibandi qui a tourné son art en ridicule, alors que les jumeaux Koty et Koté supprimeront Kibandi au nom du nourrisson Youla.

se risqua à démontrer aux pauvres égarés d'esprit de ce village que le mot « ethnologie » venait du grec *ethnos* et voulait dire « peuple », donc les ethnologues étudiaient les peuples, les sociétés, leurs coutumes, leur manière de penser, de vivre, il précisa que si le mot « ethnologue » gênait certains, on pouvait simplement dire « anthropologue social », ce qui avait encore semé la confusion (142)

En définissant sa discipline, l'ethnologue blanc court non pas le risque d'être incompris de ses interlocuteurs, mais celui de se ridiculiser en mélangeant anthropologie sociale et ethnographie. Ce qui transparaît ici, c'est le manque de clarté, la confusion et l'ambiguïté inhérents à ces disciplines fortement connotées du fait de leur contexte d'emploi. Le recours à l'anthropologie et l'ethnographie pour expliquer l'univers du récit s'oppose ainsi à la remise en question de ces mêmes disciplines par le narrateur, la culture prétendument subordonnée regagnant, ce faisant, une forme de dignité. Selon Patrick Chamoiseau, « cette posture de l'écrivain ethnologue » comme pratique intermédiale est d'abord « une posture poétique », l'écrivain, qu'il soit antillais dans le cas de Chamoiseau ou africain dans le cas de Mabanckou, revendiquant ici le droit d'élaborer son propre discours sur lui-même et ses semblables (Lesne 28).

D'objets, les villageois africains deviennent sujets en déniant aux anthropologues le statut dont ils se réclament et en leur en assignant un autre en « continu[ant] à penser qu'ils étaient des sans-emploi dans leur pays ou bien qu'ils venaient poser des antennes paraboliques dans le village afin de surveiller les gens » (142). Mais au-delà de la démarche des anthropologues, ce qui est également remis en question ici ce sont les conséquences de cette démarche, à savoir la production d'un « gros livre de plus de neuf cents pages pour raconter cette histoire » (145). L'Autre n'a pas la parole, on parle à sa place. Par conséquent, le savoir qui en découle ne peut être basé que sur un déséquilibre puisque c'est celui qui domine qui définit l'Autre, ce dernier devenant de fait le dominé. Dans ces conditions, la représentation de la réalité donnée dans le livre des Blancs ne peut être que faussée, au détriment de la réalité elle-même ; ce qui va conduire les habitants du village à se méfier de ces Blancs qui « risqueraient de ternir leur réputation dans le monde entier » (146). Cette contre-ethnographie prend des allures de vengeance symbolique lorsque Papa Kibandi, qui peut être vu comme une métaphore du Blanc incrédule, tourne en ridicule les croyances traditionnelles, lui qui « avait de bonnes raisons de se payer ainsi la tête du féticheur réputé » (103). L'auteur met le lecteur en garde contre les dangers d'une lecture qui privilégierait ses propres croyances au risque de faire subir un tort majeur à l'œuvre littéraire, celle-ci devenant alors victime d'une fausse interprétation anthropologique. On assiste ici à une véritable remise en question de ce fétichisme anthropologique qui « gradually assumed the connotations of irrationality [...] and adherence to superstition and religious beliefs » (Syrotinski 68) puisque le féticheur Tembé Essouka sera à l'origine de la mort de Papa Kibandi.

c. *Entre intermédialité et intermondialité*

Le travail de déconstruction du narrateur ne s'arrête pas là, mais consiste également à s'approprier les références de l'Autre et, de ce fait, à repousser l'exotisme anthropologique dans les marges au profit d'une culture non plus nationale ou continentale, mais internationale, intercontinentale. Le narrateur joue ainsi avec les références intertextuelles, notamment avec des auteurs français, la littérature jouant un rôle très important dans ce que, pour les besoins de l'exercice, nous appellerons la « culture française ». Par exemple, il est fait mention à plusieurs reprises des fables de La Fontaine, comme celle du « *Rat de ville et [du] Rat des champs* » ou « *L'Hirondelle et les*

Petits Oiseaux » (64-65, en italique dans le texte). Se crée ainsi un lien générationnel qui transcende toute situation historique, la critique de la société française d'alors devenant celle de la société française d'aujourd'hui (relation dominants/dominés, inconsciences du danger).

Mais le porc-épic ne se contente pas de citer ces références, il les raconte à sa manière et se fait lui-même fabuliste, le roman pouvant être lu comme une fable. Le narrateur ne revendique pas seulement la propriété du canon littéraire français, mais aussi de sa culture *via*, par exemple, le détournement d'expressions proverbiales, ou encore de sa religion au travers du double blasphème, du vendredi et du chiffre 9[1]. Cette transgression des codes français s'illustre également dans la langue utilisée, que ce soient les libertés prises avec la syntaxe, « pr[ise] pour de la simple rigolade » (144), ou l'utilisation de la virgule tout au long du roman. Comme Mabanckou l'avoue lui-même, « J'ai recherché [dans ce roman] la langue qui puisse exprimer de façon directe, claire et précise l'univers qui est le mien. Celui d'un Congolais ouvert au monde » (« Le roman n'a pas de race, il a un style », en ligne).

Cette ouverture au monde s'exprime notamment à travers les nombreuses références intertextuelles, littéraires et culturelles disséminées tout au long du roman, notamment au confucianisme et aux mythologies européenne, grecque, mais aussi arabo-perse[2]. Parmi les

---

[1] Citons dans l'ordre le détournement d'expressions proverbiales : « un animal averti en vaut deux » (71), mais aussi de la religion au travers du double blasphème : « nom d'un porc-épic » (37) ; du vendredi : « un vendredi de malheur » (131) et du chiffre 9 : le livre des ethnologues fait 900 pages, 99 missions du porc-épic (180).

[2] Citons à titre d'exemplesle confucianisme : « quand le sage montre la lune, l'imbécile regarde toujours le doigt » (49-50) ; les mythologies européenne, le porc-épic se faisant vampire : « je me mis alors à lécher le sang qui dégoulinait de sa tempe » (139) ; grecque, le personnage

auteurs du canon littéraire mondial, on peut citer l'écrivain américain Edgar Allan Poe avec double assassinat dans la rue « Morgue » (157 et « *Histoires extraordinaires* » (167, en italique dans le texte), l'écrivain uruguayen Horacio Quiroga avec « *Contes d'amour, de folie et de mort* » (158-160) ou encore l'écrivain colombien Gabriel García Márquez et la référence au village de « Macondo » que l'on trouve dans *Cent ans de solitude* (156). Là encore, il ne s'agit pas de copier, mais bien de déconstruire ces références mondiales pour mieux se les réapproprier, pour mieux définir sa propre identité. On peut y voir une forme de mimétisme, le dominé s'adaptant à la culture dominante et revendiquant cet universalisme au nom duquel la France, pour ne citer qu'elle, a fondé sa politique d'expansion coloniale. Mais cet universalisme est ici « celui des écrivains et des hommes tous frères, libres et égaux dans et par leur double appartenance à la littérature [mondiale] et à l'humanité » (Devésa 106). L'exotisme anthropologique devient donc obsolète, l'Autre devenant un « autre soi-même » nourrit des mêmes références littéraires, culturelles, philosophiques et religieuses. L'intermédialité, dans ce contexte, « ne fonctionne pas seulement dans ses dettes plus ou moins reconnues envers telles autres œuvres, ou dans la mobilisation de compétences discursives (au besoin usurpées), mais également dans le recours à des institutions qui en permettent l'efficacité » (Méchoulan 10), en l'occurrence l'institution littéraire.

Pour Mabanckou, il s'agit surtout d'« une reconnaissance de dette » vis-à-vis des écrivains qui, comme il l'avoue lui-même : « ont fait de moi ce que je suis » (« Le roman n'a pas de race, il a un style », en ligne).

---

d'Amédée qui a lu le livre des anthropologues sociaux venus d'Europeétant comparé à Narcisse (154) ; ou encore arabo-perse avec le thème du « tapis volant » (156).

Mais si l'auteur se revendique d'un canon littéraire mondial dont il reprend et adapte librement les codes, le lecteur aurait tort d'y voir une simple relation binaire inversée croyances africaines (absence de transgression) *vs* références culturelles mondiales (transgression). En effet, l'auteur n'hésite pas à malmener la légende populaire africaine selon laquelle tout animal meurt en même temps que l'humain dont il est le double en laissant la vie sauve au porc-épic, également narrateur du roman. Ce faisant, l'auteur refuse de s'enfermer dans une identité aux contours réducteurs, mais choisit de naviguer librement d'une culture à l'autre, d'une tradition à l'autre, déconstruction ultime de cet exotisme anthropologique qui réduit précisément l'Autre à sa condition d'Autre, dont il ne parvient pas à s'échapper. L'objectif de ce qu'Huggan appelle « counter-narratives » est ainsi moins de proposer une vision littéraire épurée des scories de l'anthropologie interprétative, mais plutôt de mettre au jour les contradictions d'une certaine lecture anthropologique (41).

Récupération
a. *L'exclusion comme stratégie*

Le deuxième volet de cet exotisme stratégique mis en place par l'auteur consiste cette fois non plus à déconstruire l'exotisme anthropologique, mais à le récupérer. Il s'agit tout d'abord pour l'auteur de mettre à nu ces stratégies d'exclusion, ces formes de discrimination et de racisme « in contexts dominated by Western value [which] demonstrate a specific part/whole configuration where hierarchy is conceived as difference to be excluded in order to maintain the integrity of the whole and an equivalent value of its parts » (Kapferer 826). Le récit du porc-épic met ainsi en lumière le fait que l'exotisme anthropologique serve avant tout à consolider la position et à maintenir l'autorité des dominants en infériorisant, en excluant les dominés du cercle des initiés, à savoir les cultures occidentales supposément « éclairées ». L'exclusion se fait tout d'abord sur le principe de la différence, qui est au cœur de l'exotisme anthropologique, une différenciation basée à la fois sur la race (« donc je ne suis qu'un animal, un animal de rien du tout, les hommes diraient une bête sauvage comme si on ne comptait pas de plus bêtes et de plus sauvages que nous dans leur espèce », 11), mais aussi sur l'ethnie (« Mama Kibandi fut enterrée à un endroit réservé aux étrangers », aux « gens venus d'ailleurs [...] même s'ils résidaient là depuis des lustres », 127). Le porc-épic remet en cause le bien-fondé de ces catégorisations génératrices de hiérarchies par le biais des conjonctions « comme si » et « même si », celles-ci servant à exprimer l'approximation et la concession. Sont également exclus de la communauté ceux qui sont différents, ceux perçus comme exotiques au sens d'étrangers,[1] à l'instar du porc-épic qui est déclaré mort par les siens ou Papa Kibandi, et plus tard son fils, tous deux montrés du doigt par la population. Ce que ces personnages ont en commun, c'est précisément leur caractère double, autre, qui les distingue du reste de la communauté, tout comme les dominés qui ont longtemps été marginalisés par le centre impérial du fait de leur différence supposée.

À cet ostracisme, succèdent l'emprisonnement et l'esclavage, ainsi que la violence qui leur est consubstantielle. Dès les premières pages du roman, le porc-épic évoque ces « cages dans lesquelles plusieurs de [s]es compatriotes sont séquestrés » (13). Il se demande « quel [est] l'intérêt de passer sa vie en réclusion tel un esclave » (13), mais c'est précisément le statut qui lui est dévolu, lui qui est soumis à Kibandi qu'il appelle « mon maître » et dont il dépend pour vivre. La condition du porc-épic est celle d'un subalterne, même si cette réalité historique est nuancée par deux faits. Premièrement, sans le

---

[1] Le préfixe « ἐξω » signifiant « au dehors » en grec ancien.

porc-épic, Kibandi « n'aurait été qu'un misérable légume » (12), à l'instar du colonisateur dont le pouvoir venait avant tout du colonisé. Deuxièmement, le maître lui-même, ici représenté sous les traits de Kibandi, n'est pas plus libre que l'esclave, en dépit de ce qu'il croit. En effet, les Kibandi mâles sont liés par une « dette de transmission » (83) et se transmettent de génération en génération ce rôle dans lequel l'Histoire les a figés, celui d'êtres nuisibles à la merci de leurs doubles inférieurs puisque la mort des uns entraîne celle des autres. Tout comme l'esclave dont le sort est étroitement lié à celui de son maître, l'exotisme anthropologique, en tant que produit de l'Histoire, est intrinsèquement lié à la colonisation. Par conséquent, il ne peut passer sous silence la violence inhérente à l'entreprise coloniale dont il est issu (Huggan 56).

Il en va de même des littératures africaines qui sont, elles aussi, un produit de la colonisation et qui, en ce sens, ont toujours en toile de fond « la question de l'homme noir, la question africaine, la question des rapports entre l'Europe et l'Afrique abordés de près ou de loin » (« Le roman n'a pas de race, il a un style », en ligne). L'exotisme anthropologique, qui consiste à différencier, contribue également à catégoriser, donc à hiérarchiser les individus et, finalement, à justifier le traitement de ceux qui s'auto-décrètent supérieurs vis-à-vis de ceux considérés comme inférieurs. L'exclusion, la marginalisation, l'emprisonnement et l'esclavage constituent des formes de violence sociale et physique infligées par les dominants et subies par les dominés, comme le montre le narrateur qui prend une revanche symbolique sur l'Histoire. Les nombreux meurtres commandités par Kibandi et exécutés par le porc-épic ont tous pour cibles les semblables de Kibandi, autrement dit les hommes esclavagistes. Au meurtre symbolique de l'esclave par le maître s'ajoute le viol symbolique de la femme esclavagiste, la jeune

Kiminou, devant laquelle le porc-épic a une érection. Peut-on y voir là une vengeance symbolique contre le viol qu'a subi le continent africain ?

    b.   L'observateur étranger et l'informateur natif

Toutefois, il ne s'agit pas simplement de se venger de l'Histoire, mais également de remettre en question la voix officielle de l'anthropologue blanc. Par le biais du narrateur double, l'auteur va ainsi inverser la distinction anthropologique conventionnelle entre l'observateur étranger d'un côté et l'informateur natif de l'autre (Huggan 49). Le porc-épic rapporte ainsi les propos des observateurs étrangers, eux qui « ne se fient qu'à ce qu'ils voient » (11), à l'instar de Saint-Thomas ; eux qui « déduiraient que je n'ai rien de particulier, que j'appartiens au rang de mammifères munis de longs piquants » (11) ; eux qui racontent que « les habitants de ce pays couvraient leur sexe ridicule à l'aide de peaux de léopard ou de feuilles de bananier et ignoraient que derrière l'horizon habitaient d'autres peuples différents d'eux » (21), l'anthropologue infériorisant, voire essentialisant son objet d'étude. Ce sont les mêmes observateurs étrangers qui qualifient les méthodes utilisées par Papa Montiongo dans l'exercice de son métier de charpentier de « surannées » (112), autrement dit de révolues, voire d'arriérées. À cet observateur étranger caractérisé par sa capacité d'analyse, s'oppose l'informateur natif, gardien d'un savoir ancestral. Cet informateur va ainsi remettre en question les connaissances de l'anthropologue social principalement basées sur des préjugés.[1] Mais l'informateur natif va plus loin. En effet, il

---

[1] Citons : « il n'y a pas que les éléphants qui possèdent une mémoire fiable, c'est encore un des préjugés de l'espèce humaine » (39), « les paysans de Séképembé [qui] accusaient à tort un monstre mi-homme

ne se contente pas de mettre en évidence l'étroitesse d'esprit de l'observateur étranger, mais renverse les rôles et récupère une forme de pouvoir symbolique en se faisant lui-même anthropologue : « quand les hommes parlent de l'autre vie ils se font des illusions, les pauvres, et cette autre vie il la voit sous un ciel bleu, avec des anges partout » (39).

C'est au tour du dominé de traiter le dominant en inférieur, de railler ses croyances en « all[ant] voir ce qui se passait du côté des cousins germains du singe » (50) et, par là-même, de montrer que ces croyances n'ont pas plus ou tout autant de fondement que celles du dominé. On en veut pour preuve le religieux qui cherche à convaincre Kibandi « d'emprunter les voies du Seigneur parce qu'il le surprenait dans les quartiers des filles de joie, signe que mon maître était une brebis égarée qu'il fallait détourner du chemin de l'enfer » (120). Ce sont deux conceptions du monde qui s'affrontent dans une série de parallélismes de construction, l'Afrique contre l'Occident, la pseudo-tradition contre la pseudo-modernité :

Occident	Afrique
Scie à moteur	Hache
Calibres 12mm	Sagaies
Avion	Oiseau
Mal du pays	Mal du territoire

---

mi-animal et dont l'estomac était aussi profond que le puits de leur ignorance » (20) ; « ceux qui nient l'existence d'un monde parallèle » (93) ; « les Blancs n'enseignent pas ces choses-là dans leurs écoles » (163).

Lisons plutôt : « une scie à moteur qu'il fallait savoir manier dans ce coin où l'on en était encore à l'abattage à la hache » (89-90) ; « les gaillards s'armèrent de calibres 12mm, de sagaies envenimées » (106) ; « l'avion, cet oiseau bruyant qui déchire le ciel et manque chaque fois de trancher ton faîte » (146) ; « un sentiment que je qualifierais de *mal du territoire*, eux parleraient de mal du pays » (219, en italique dans le texte), référence implicite au nationalisme et à l'instauration des frontières qui ont contribué à la division des peuples, surtout en Afrique. Ce narrateur double, à la fois observateur externe et informateur interne, contribue ainsi à mettre en garde le lecteur occidental contre les pratiques culturelles que le roman cherche à examiner et qu'il a tendance à mystifier à son tour. Dans ce contexte, les « textes, images et discours » mobilisés par l'œuvre littéraire intermédiale ne sont pas seulement des « ordres de langage ou de symbole, mais aussi des supports, des modes de transmission, des apprentissages de codes, des leçons de choses » (Méchoulan 4).

    c.   *Entre culture écrite et culture orale*

Il s'agit également d'inverser le rapport de force entre la culture de l'écrit (dominante) et la culture de l'oral (dominée), Mabanckou définissant lui-même son écriture comme « orale avant de devenir le texte tel qu'il est » (« Le roman n'a pas de race, il a un style », en ligne). Cette oralité est symbolisée par le porc-épic d'Afrique qui raconte son histoire alors que les mémoires de ce dernier relèvent d'un genre littéraire occidental. Cette relation quasi schizophrénique qu'entretient l'écrivain africain avec le contenu et le contenant de son livre se retrouve dans la relation avec son lecteur, un lecteur double, à la fois occidental et africain. Ainsi, le « tu » du destinataire auquel fait écho le « je » du destinateur peut à la fois symboliser le baobab, l'arbre sacré africain auquel le porc-épic raconte son histoire, mais aussi le lecteur occidental francophone. Le statut de lettré de ce dernier lui confère d'emblée une supériorité symbolique que Mabanckou va s'empresser de nier en inversant, à nouveau, les rapports de force entre lettré (le porc-épic-dominé sait lire) et analphabète (Kibandi-le dominant ne sait pas lire), le savant n'étant pas celui que l'on croit.

Le personnage d'Amédée en est une bonne illustration, lui qui est qualifié de « lettré », d'« homme cultivé » (146) par sa communauté. Il est le seul à avoir lu le livre des anthropologues blancs et, par conséquent, est le seul à pouvoir s'ériger oralement en contre-pouvoir du savoir écrit occidental qu'il qualifie d'« imposture » (147), le « livre honteux » écrit par les anthropologues blancs étant qualifié d'« *humiliant pour les sociétés africaines [...] un tissu de mensonges de la part d'un groupe d'Européens en quête d'exotisme et qui souhaitent que les Nègres continuent à s'habiller en peaux de léopards et à habiter dans les arbres* » (147, en italique dans le texte). Mais là encore, le lecteur doit se garder d'une lecture manichéenne, Amédée lui-même n'échappant pas à la règle du double. En effet, il est celui qui remet en cause l'exotisme anthropologique des Blancs, mais il est aussi l'assimilé, celui qui « portait des costumes en tergal, des cravates scintillantes, des chaussures des gens qui travaillent dans les bureaux » (152). L'attrait qu'il exerce sur les filles du village, qui lui vaudra les foudres de Kibandi, peut ainsi symboliser, dans une certaine mesure, l'attrait exercé par la culture européenne sur certains Africains qui renient leurs origines[1] et, en ce sens, deviennent les parfaits produits du système éducatif colonial.

À l'école, premier agent de légitimation occidental pour reprendre la terminologie bourdieusienne, en succède un deuxième. La diffusion d'une anthropologie aux idées

---

[1] Amédée traite ses aînés « de vieux cons, d'ignorants, d'idiots » (154).

erronées trouve principalement son origine au niveau de ce qu'Huggan nomme l' « institution » (50), en l'occurrence l'industrie de l'édition. En effet, le lecteur découvre à la fin du roman que le conte qu'il croyait oral est en réalité un manuscrit et que l'auteur de ce manuscrit serait Verre Cassé, héros et auteur du précédent roman de Mabanckou du même nom[1]. Ce dénouement appelle plusieurs constatations. Premièrement, le porc-épic, tout comme l'Escargot entêté, l'exécuteur testamentaire littéraire de Verre Cassé, ne prennent la parole qu'une fois Kibandi et Verre Cassé décédés, la mort du maître libérant la parole de l'esclave (Marie 78). Deuxièmement, la lettre adressée aux éditions du Seuil, le propre éditeur de Mabanckou, illustre la sujétion à laquelle les écrivains africains sont soumis de la part des maisons d'édition occidentales dominantes qui estiment « semble-t-il dans l'intérêt du livre – de ne pas devoir tenir compte » des exigences des dominés (226), mais aussi la marginalisation, voire le racisme dont souffrent les dominés, le titre *Verre Cassé* (qui peut être vu comme le nom du double dominant de l'Escargot entêté) ayant été préféré par les éditeurs à celui de *Le Crédit a voyagé* du nom du bar du double dominé. La lettre illustre également le travail de l'éditeur qui décide, ou non, de la véracité de l'h/Histoire et peut la modifier à son gré :

> *Ce sont donc ces mésaventures qui m'ont empêché, Chère Madame, Cher Monsieur, de vous adresser ce manuscrit plus tôt, et je suis enfin soulagé de vous le soumettre accompagné du document original afin que vous puissiez, le cas échéant, vérifier certaines de nos reconstitutions* (228, en italique dans le texte).

Enfin, il n'est précisé nulle part que le porc-épic sait écrire, donc on peut supposer que le manuscrit est en réalité un récit de seconde main, le dominant parlant à nouveau au nom du dominé, auquel cas le lecteur assisterait à un énième

---

[1] Publié en 2005.

renversement où la version du dominant vient contredire celle du dominé, les mensonges devenant vérités et les vérités mensonges.

Mabanckou nous offre ici un bel exemple du lien de plus en plus étroit qui unit la littérature contemporaine et les sciences humaines, notamment l'anthropologie. Il correspond ainsi à cet « artiste » décrit par l'écrivain Patrick Chamoiseau qui, s'il « ne devient pas un scientifique », « a besoin des informations des sciences humaines[1] » (Lesne 26). En effet, nous assistons, dans *Mémoires de porc-épic*, à une tentative de réévaluation de « l'exotique » que Lévi-Strauss définit comme le fait de caractériser des peuples et des pratiques en marge des centres dominants et soumis à leur pouvoir politique et économique (Kapferer 819). Le titre même de l'ouvrage, *Mémoires de porc-épic*, et non pas *Mémoires d'un porc-épic*, tant à privilégier l'interprétation selon laquelle le porc-épic représente l'ensemble des Africains soumis à l'exotisme anthropologique occidental.

Il s'agit alors de refuser la marginalisation de l'exoticisé par un Occident exoticisant sous couvert d'asseoir sa domination, mais aussi de comprendre les processus de sujétion du dominé[2]. La réponse de Mabanckou à l'exotisme anthropologique ne consiste pas à prôner le métissage ; ce qui, pour lui, reviendrait « à admettre [le] caractère exotique » de son œuvre (« Le roman n'a pas de race, il a un style », en ligne). Non, il s'agit plutôt de sortir

---

[1] Toujours selon ce dernier : « Les grands écrivains du XXe siècle ne parlent plus de muse, d'inspiration, mais de travail, de réflexion. » (Lesne 26)

[2] Justin Bisanswa le résume en ces termes : « Ainsi la volonté d'atteindre par le roman à une connaissance anthropologique (de Bessora) ou par la traversée des sciences humaines et sociales (Hamidou Kane et Mudimbe), dénote un désir de s'inscrire dans une pratique sociale plus large. On peut même dire que les grands textes de l'engagement ont toujours en vue de réformer le monde tout en contribuant à sa connaissance. » (170)

de la dialectique je/tu, nous/vous, dans laquelle l'exoticisant est toujours en position de force et l'exoticisé en position de faiblesse, pour penser une approche qui déterritorialise l'exotisme en forçant le lecteur à réaliser que toute personne est potentiellement exotique aux yeux d'une autre. La morale de la fable n'est-elle pas alors cette question formulée par L'Escargot entêté à la toute fin de l'ouvrage : « D'ailleurs, qui de l'Homme ou de l'animal est vraiment une bête ? » (229)

Bibliographie

Bisanswa, Justin. 2014. « La fiction africaine de la modernité et ses problématiques. ». In *Présence Africaine*, no. 190, pp. 155-179.

Darroch, Michael. 2017. « "Arts Once More United": Bridging Disciplines through Creative Media Research, Toronto, 1953-55. ». In *Intermédialités*, no. 30-31, pp. 2-17.

Devésa, Jean-Michel. 2012. « L'Afrique à l'identité sans passé d'Alain Mabanckou : d'un continent fantôme l'autre. ». In *Afrique Contemporaine*, vol. 241, no. 1, pp. 93-110.

Gwiazdzinski, Luc et Will Straw. 2015. « Introduction "Habiter (la nuit) / *inhabiting (the night)*". » In *Intermédialités*, no. 26, en ligne, doi.org/10.7202/1037312ar.

Huggan, Graham. *The Postcolonial Exotic: Marketing the Margins*. Routledge, 2001.

Kapferer, Bruce. 2013. « How Anthropologists Think: Configurations of the Exotic. » *Journal of the Royal Anthropological Institute*, vol. 19, no. 4, pp.813-836.

Lesne, Anna et Patrick Chamoiseau. 2013. « S'écrire aux Antilles, écrire les Antilles : Écrivains et anthropologues en dialogue. » *L'Homme*, no. 207-208, pp. 17-36.

Mabanckou, Alain. 2007. « Le roman n'a pas de race, il a un style. » *L'Orient littéraire*, www.lorientlitteraire.com/article_details.php?cid=6&nid=5963.

———.2006. *Mémoires de porc-épic*. Paris : Éditions du Seuil.

Marie, Annabelle. 2013. « La Mémoire longue du porc-épic (à propos d'un roman d'Alain Mabanckou) ». In *Nouvelles Études Francophones*, vol. 28, no. 1, pp. 77-88.

Méchoulan, Éric. 2003. « Intermédialités : le temps des illusions perdues. » *Intermédialités*, no.1, pp. 9-27.

Panoff, Michel. 1986. « Une valeur sûre : l'exotisme. » In *L'Homme*, vol. 26, no. 1-2, pp. 287-296.

Syrotinski, Michael. 2007. *Deconstruction and the postcolonial. At the Limits of Theory*. Liverpool : University Press.

Œuvres et espaces intermédiaux chez Tadeusz Kantor

Christakis Christofi
Université de Chypre

L'intermédialité dans la pratique artistique de Tadeusz Kantor est en relation avec la conception, la réalisation et la réception de son œuvre. Cette œuvre devient intermédiale parce qu'elle accueille une pléthore de matériaux, de médias, de méthodes et de dispositifs différents. Nous examinons comment l'œuvre kantorienne constitue un espace intermédial des rencontres, où dialoguent les arts plastiques et le théâtre, la théorie et la pratique, et comment le jeu théâtral sert de modèle à sa pratique artistique. Nous étudions d'abord le statut de Kantor en tant qu'artiste polymorphe qui fait œuvre de cette pluralité et qui garantit l'unité à son œuvre, ensuite l'œuvre comme espace intermédial des rencontres des médias et des dispositifs différents.

L'artiste intermédial
Kantor (1915-1990) reçoit une formation artistique à l'Académie des Beaux-Arts de Cracovie (1934-1939). Il est scénographe aux théâtres officiels et scénographe et directeur de son Théâtre clandestin sous l'occupation nazie (1942-1956). Il fonde le Théâtre Cricot 2 en 1955. De 1965 à 1969, il propose plusieurs *happenings*. Toute son œuvre se caractérise par une liberté d'action et de création, ainsi que d'une recherche plastique constante et non conventionnelle.

L'artiste est en contact avec les arts visuels et les pratiques artistiques qui se développent au cours du XXe siècle comme le *happening*. Selon Klossowicz (101),

Kantor possède une vision plastique très nette dès 1956, et on peut reconnaitre dans son œuvre plusieurs affinités avec les avant-gardes du XXe siècle en Europe et aux Etats Unis. Or, les mêmes principes caractérisent toute son œuvre artistique et ses manifestes depuis le Théâtre clandestin. La critique, depuis longtemps, attribue à l'artiste le statut d'artiste plasticien et d'homme de théâtre (voir Witts 103, Gerould 27-38, Eruli 771-772). Kantor affirme qu'il n'a « jamais dissocié ces deux champs d'activités » (Bablet 1987 16).

L'artiste polymorphe rejoint la théorie et la pratique de la création artistique, croise plusieurs arts et utilise un grand nombre de médias pour s'exprimer. En tant qu'homme de théâtre complet, plasticien, théoricien ou auteur dramatique, il s'inscrit dans une lignée des artistes qui défendent « le radicalisme en art, pour l'authenticité voulue et réalisée de la démarche artistique » (Bablet 11). L'artiste n'obéit pas à des recettes idéologiques ou à des dogmes, mais aux principes de l'Art (Kantor 51). Kantor est au centre des r-évolutions, historiques, politiques, ou artistiques, mais garde son originalité, en créant une œuvre qui résiste au temps. L'originalité de son œuvre repose sur des pratiques artistiques, notamment théâtrales, innovantes (Kobialka 2005 20) mais aussi sur l'incorporation des techniques qui existent dans d'autres formes et domaines artistiques. Chacune de ses œuvres explore des dispositifs et des moyens divers, qui réécrivent, partiellement, l'histoire de chaque art mis en œuvre et le contexte de leur naissance (Klossowicz 98-99).

Les œuvres de Kantor sont difficiles à comprendre, mais les partis pris et les moyens utilisés sont clairs. Chacune de ses productions artistiques accueille plusieurs dispositifs et médias et fonctionne comme espace intermédial en évolution. « [A]vec le terme « médias », nous envisageons surtout les aspects matériels, communicationnels et esthétiques liés aux dispositifs » (Müller 2006 109). Dans cette perspective, le concept d'intermédialité serait alors utile pour la compréhension de l'œuvre kantorienne. Utile, car, selon Müller (106), « il prend en charge les processus de production du sens liés à des interactions médiatiques ». En outre, cette œuvre présente des caractéristiques postmodernes et est à caractère « intermédiatique » (Müller 127). C'est ce que montre la volonté de l'artiste d'utiliser des médias et des procédures qui appartiennent aux arts différents comme par exemple ceux du « Théâtre - Happening » qui, déjà par le titre, pointe la valorisation de l'action et de l'événement artistiques. L'artiste est également critique envers sa production artistique.

Ses manifestes, ses écrits théoriques et toute son œuvre prouvent son engagement (Kobialka 2006 20), présentent une déclaration publique et une explication de sa démarche artistique, où théorie, poïétique et poétique, et pratique s'entremêlent. De même, ses écrits se placent dans une certaine continuité qui canalise l'énergie de l'auteur/ créateur/ penseur. Le Théâtre informel, par exemple, se réfère aux techniques scéniques qui n'aboutissent pas à des formes. L'artiste fait l'éloge de la destruction, du hasard, de la violence (Bablet 1987 55, 213). Cependant, pour Kantor, il ne s'agit jamais de contraintes qui limitent l'expression artistique. Par exemple, même s'il pratique la peinture informelle, vers la fin de sa vie, on remarque un retour à la peinture figurative. Il crée notamment une série de tableaux intitulée « Plus loin, rien », une sorte de bilan de sa vie et de sa création artistique. De même, avec le manifeste du Théâtre indépendant (1942-1944), Kantor déclare l'autonomie de chaque élément qui participe à l'événement théâtral et en même temps l'unité de l'ensemble (Gerould 29). Ces principes persistent et montrent précisément sa propre démarche artistique qui se place entre des frontières.

Théorie et pratique favorisent également l'expérimentation et l'engagement de l'artiste. Kantor consacre une grande partie de sa créativité au théâtre. Il s'inscrit dans la lignée des grands artistes qui ont révolutionné la pratique théâtrale et expérimentale au cours du XXe siècle, comme Grotowski ou Wilson (Lecoq 49). « À travers une recherche expérimentale, à l'élaboration d'un nouveau langage scénique [… il invente sa] méthode du jeu scénique » (Bablet 1987 16) et insiste sur un théâtre qui expérimente le genre constamment – Théâtre clandestin, informel, zéro, etc. (Kobialka 2005 23). L'espace théâtral est à caractère intermédial (Chapple et Kattenbelt 2006) et remplit en même temps une fonction politique depuis la Grèce antique jusqu'aujourd'hui[1]. De plus, la pratique théâtrale, selon Larrue, permet des rencontres des arts et se lie « à tous les grands bouleversements médiatiques qui ont marqué le monde des communications et du divertissement depuis un siècle, soit qu'il y ait contribué, soit qu'il les ait subis, soit les deux à la fois » (14). Or, la scène re-présente le monde (Leach 8-11), met en abime l'activité humaine et sert comme dispositif d'expression. Elle est à l'image du monde et le réfléchit. Cet espace permet à Kantor de tout tenter, d'être artiste, plasticien, acteur, « acteur relieur » (Lesage 111) ou, même, intermittent de la culture et de la civilisation. Par exemple, dans son œuvre *Qu'ils crèvent les artistes* nous retrouvons « la fonction et la position de l'artiste dans la

---

[1] De plus, elle témoigne de l'histoire. Witts (1-2) montre bien que le contexte historique, social et politique de création de cette œuvre marque profondément l'artiste, ses idées et son œuvre. Kantor vit une période historique troublante de son pays et du monde entier en traversant deux guerres mondiales et la division du monde en deux blocs, la censure. De près ou de loin, l'art préserve un caractère politique (Witts 13).

société moderne »[1] (Kobialka 1986 178).Chez Kantor, l'intermédialité interprète *une action* (terme qui revient souvent dans les programmes de ses spectacles) et une rencontre. Les arts et les méthodes plastiques se rencontrent sur scène et sur des espaces divers. Inversement, les mécanismes du théâtre, comme la mise en scène, des corps et des objets, apparaissent sur d'autres espaces, comme le *happening* ou l'installation. Même si le théâtre a été longtemps attaché à une sorte d'institutionnalisation, Tadeusz Kantor se pose contre toute forme de convention et pose son originalité à travers ce qui est considéré appartenir à un rang inférieur selon la hiérarchisation et les règles qui dominent l'art dramatique (Witts 52).

Le Théâtre Cricot 2 est le lieu principal de ces rencontres et d'un travail artistique « sans compromis » (Bablet 1987 68). Ce théâtre n'existe pas en tant que structure institutionnelle ou « professionnelle » (15). De même, le caractère expérimental, non conventionnel, domine les spectacles présentés ; ce qui correspond à la pratique de Tadeusz Kantor. Le groupe utilise la cave de la galerie Krysztofory. Le choix des acteurs participe activement à ce théâtre non conventionnel, car « [c]'est un groupe d'artistes qui se retrouvent. Ce groupe comporte bien quelques comédiens professionnels, mais aussi des acteurs non professionnels, des peintres [...] des poètes et des théoriciens de l'art, qui partagent avec Kantor un certain idéal » (Bablet 15). Avec Cricot 2, Kantor veut abolir les frontières artistiques en rendant impossible toute forme de représentation. Par ailleurs, le nom Cricot 2, anagramme du mot français cirque (Witts 15), exprime directement cette approche, car le cirque devient dans son œuvre, en théorie et en pratique, l'exemple et la métaphore que lui-même

---

[1] Toutes les citations provenant des sources en anglais ont été traduites par l'auteur de cet article.

emploie afin de caractériser le lieu et le jeu scéniques (Bablet 1987 271).

Sa production artistique présente un fort caractère autobiographique, dû à l'engagement personnel de l'artiste, sa présence dans l'espace de l'œuvre, sur scène ou dans l'espace d'un *happening* ou d'une installation. Kantor est impliqué dans le choix des histoires présentées, dans le choix des acteurs et dans la manière dont ils sont mis en scène. Il est également concerné par la conservation et la transmission de son activité (Saraczynska-Laroche 283-293). Dans ce sens, l'intermédialité explique la multiplication des moyens mis en œuvre afin que les matériaux autobiographiques se montrent sur l'espace de l'œuvre deviennent œuvre artistique qui s'universalise. Dès lors, il n'est pas étrange que certains motifs reviennent dans son œuvre comme la figure de son père, Marian Kantor, nommé Marian, présenté comme mari ou soldat (Witts 5), ou encore la figure du prêtre, de la mère ou de lui-même. Par exemple, la figure de lui-même est dominante dans cette œuvre pléthorique.

Klossowicz (110-112) explique la présence scénique de Kantor pendant ses spectacles. C'est quelqu'un qui se montre, qui est devant les spectateurs, qui dirige son œuvre comme un chef d'orchestre ; ce qui garantit le bon déroulement et l'exécution de son œuvre. Pendant le spectacle, il peut changer l'ordre des scènes, leur rythme, ajuster le volume de la musique. Mais « il garantit que les partis pris de ses productions se présentent au public clairement, que la distance entre illusion et réalité se maintienne » (111). En fait, il s'agit d'une reproduction du geste créateur : l'auteur passe de l'informe à la forme en faisant trois fois rien. Il se présente comme un créateur omnipuissant qui fait naitre son œuvre devant les yeux du spectateur. Il est aussi un spectateur actif qui observe son œuvre en train de se jouer. Kantor constitue une présence scénique énigmatique, mais active. Ses propres mouvements et gestes se confondent avec tout ce qui se passe sur scène, dans cet espace intermédial.

De même, pendant ces spectacles, ses habits font partie de la composition scénique et du décor de chaque pièce (Klossowicz 110). Mais il ne parle jamais sur scène, il est. Les conventions lient tout élément qui apparaît sur scène avec un sens (la sémantique du théâtre se fonde sur ce principe). Et Kantory est un acteur qui peut agir directement. En 1985, par exemple, il présente au festival d'Avignon *Qu'ils crèvent les artistes !* Il se met alors en scène et joue trois personnages différents : un garçon de six ans, le créateur du spectacle, le protagoniste, maintenant – à venir –mourant. Kantor montre ici le manque de continuité chronologique dans la vie ; ce qui permet de présenter trois figures différentes de Kantor, de trois périodes de sa vie, dans ce spectacle (Klossowicz 108-110). La scène s'affirme ainsi comme espace intermédial de l'expression artistique d'un créateur polymorphe en action.

Par ailleurs, dans sa pratique expérimentale, Kantor organise en 1967 le *Happening panoramique de la mer*, sur une plage de la Baltique, qui s'espace sur environ « mille mètres de long » (Kantor 1987 153) et comporte cinq parties : 1. Concert marin, 2. Le Radeau de la Méduse, 3. Agriculture sur le sable, 4. Le naufrage, 5. Barbouillage érotique. La quatrième partie est improvisée. L'organisation et l'exécution de cet événement artistique comportent des parties hétérogènes qui sont en relation parodique avec le lieu de l'événement. C'est une mise en scène qui comporte cinq actions, et des situations diverses se développent.1. Des chaises se posent au bord de la mer dans l'eau et se rangent de manière organisée sur la plage en rangs réguliers, et l'événement ouvre sur l'organisation du public dont les places sont réajustées constamment. Ensuite, le chef d'orchestre arrive en bateau et un concert, sans musique, a lieu, 2. Une tentative de reconstitution tridimensionnelle du Radeau de la Méduse sur la plage, 3. Agriculture sur le sable : certaines personnes plantent des journaux dans le sable, 4. Naufrage d'un objet, 5. Des femmes nues vautrées dans une pate gluante et dans le sable se déplacent dans le public. Kantor organise l'événement comme une « partition » (Bablet 1987 153). Le lieu est au service de l'action, car il valorise la partie sensorielle : « la présence de la mer doit s'imposer par un mouvement, un rythme et une texture sonore qui ne doit pas cependant excéder de la perception humaine » (153). Selon Sosnowska (69-71) le caractère non conventionnel de cet événement artistique concerne le choix du lieu qui ne correspond pas à l'exécution d'un concert. Même s'il existe un protocole précis à suivre, comme l'entrée, l'emplacement du chef d'orchestre, le déroulement de l'événement demeure imprévisible, ce qui est dû aux spécificités tant de l'environnement qu'à la participation du public, puisqu'on ne sait pas comment celui-ci va se comporter. De même, des activités diverses font partie de cet événement artistique, où la ligne de partage entre l'art et la vie devient fragile et éphémère et où le hasard peut tout détruire. Malgré l'hétérogénéité des composants, ce *happening* porte un caractère unique : il ne se répète pas, il ne s'enregistre pas, il ne peut avoir de forme matérielle (Sosnowska 72-74). Il est pourtant évident que Kantor joue avec les limites : il s'agit d'une mise en scène ; et lui, il organise tout. Des corps et des matières déterminent cet événement artistique dans un espace public.

Kantor, en tant que plasticien, metteur en scène audacieux, traite la matière d'une réalité dégradée, comme la sauce tomate gluante et épicée de sable qui enveloppe les femmes nues pendant la dernière partie de ce *happening*. Le geste artistique transforme tout : au bord de la mer, un concert est parodié (1) ou un tableau s'adapte à un contexte différent que celui qu'il évoque et est mis en scène (3). De même, l'événement joue avec la réalité à plusieurs niveaux : l'environnement réel fait partie de l'événement artistique comme dans un Théâtre paysage (*site-specific theatre*) ; ce qui existe ou ce qui prend lieu - le Concert marin - se mélange avec l'événement ; le Radeau de la Méduse prend vie dans un autre espace et constitue un événement artistique. Ce *happening* se définit alors par la structure et la narration fragmentaires, l'imprévu et l'improvisation, la participation du public, l'effacement des frontières entre la vie et l'art et son caractère éphémère. Il constitue une parodie de l'œuvre d'art et des institutions qui font la promotion de l'*Art* (Kobialka 76). Toutes les cinq parties disjointes de ce *happening* demandent la participation active du public. Il ne s'agit pas de spectateurs passifs ; et l'art, dans cette perspective, abolit la ligne entre illusion et réalité, car chaque spectateur s'engage physiquement, à travers son corps, dans cette expérience. Il fait partie intégrante de cet événement : il est un acteur de cette parodie mise en scène au bord de la mer. De même, Kantor fait partie de ce *happening*. Ainsi, l'espace de l'œuvre devient l'espace de l'art et détermine le statut du spectateur et du créateur qui se trouvent à l'intérieur d'un événement artistique (Kobialka 1986 182). Il s'agit, alors, d'un détournement de l'acte de la création ; ce qui questionne les limites de chacune de ses productions artistiques et, par conséquent, les limites de l'art. C'est ce qui explique « la force plastique et la complexité philosophique » (Eruli 771) de cette œuvre, où le créateur se confond avec son œuvre.

La relation du créateur avec son œuvre, son statut concerne essentiellement la manière dont l'œuvre se produit. Celle-ci constitue un événement intermédial qui « annexe » (Bablet 1987 23, 24, 77) l'artiste, un lieu, une réalité de rang inférieur et des objets. L'artiste manie au sein de sa pratique des objets, des situations et même des environnements, de manière non conventionnelle (Kobialka 2002 65). Des dispositifs divers accueillent des matériaux *ready made*, d'une « réalité dégradée » (Bablet 1987 12, 28, 236) et des « objets prêts » (Eruli 770). Or ces objets font partie d'une œuvre où tout devient objet à explorer. Dans cette perspective, les éléments annexés au jeu et à l'œuvre gardent en apparence leur état originel mais établissent des correspondances avec les autres éléments qui s'y présentent dans un ensemble donné. Ces mises en scène particulières ne concernent pas seulement son théâtre mais aussi toutes ses productions/ réalisations artistiques.

Kantor annexe l'objet de rang inférieur (Bablet 1987 83, 186), qui perd son usage, mais en trouve un dans une œuvre et dans une composition plastique. L'illusion est ainsi abolie. Car il n'y a pas imitation, illusion, ni représentation, mais un maniement de la réalité. Kantor affirme que « si mon credo de base est la réalité, en tant qu'artiste l'illusion m'attire follement car là je me sens le maître » (Kantor et al. 4). Sa pratique annexe alors les différents éléments dans l'espace du jeu de sorte que la réalité disparaît (Kobialka 2005 23), et tout fait partie de l'espace de l'œuvre (Gerould 33).

De même, la constance thématique qui caractérise son œuvre est en relation avec l'annexion de la réalité. Les thèmes qui s'y attachent sont la mort et la mémoire (Witts 11), sans oublier, bien sûr, son engagement personnel et la recherche plastique. Des titres de ses productions, par exemple, *Le théâtre de la Mort*, *La classe morte* constituent une clé pour l'interprétation de son œuvre qui oscille entre vie et mort. Des personnages, des souvenirs, des actions (Witts 41) et la redécouverte de la mémoire (Kobialka 1986 180) renforcent cette dialectique. Kantor associe la mémoire avec l'image « comme un fichier plein des clichés » (Kantor et al. 2). Ainsi, la mémoire est liée chez

Kantor avec l'art de la représentation, avec la complexité de l'image et avec l'ensemble des moyens et des dispositifs mis en œuvre. Ces actions plastiques émeuvent et deviennent messages de mémoires universelles (Witts 67), car elles permettent l'annexion de ce qui est à caractère pluriel, humain. Dans *Wielopole Wielopole*, Kantor écrit aussi le texte dramatique en essayant de se ressouvenir des épisodes majeurs de la vie familiale vus à travers des photographies fanées. L'artiste reconstruit des souvenirs, qui ne concernent pas seulement un environnement clos, familial, mais aussi social (Witts 68-69). Sur scène apparaissent des personnages de ces souvenirs complexes : mère, père, prêtre, soldats ... tout enfermé dans « La chambre » qui peut tout contenir (Bablet 1987 262-264). Cette œuvre montre que l'artiste intermédial cherche toujours à découvrir et que toute œuvre constitue un lieu propice à cette découverte.

L'espace intermédial

Kantor affirme (Miklaszewski 73) qu'il renverse les rapports traditionnels qui régissent l'espace de la création, car il lui attribue un rôle actif. Cela constitue une problématique essentielle dans le domaine des arts visuels qui valorisent la matérialité du support, par exemple, en peinture la toile, en sculpture le socle. Chez Kantor, l'espace fait partie d'un réseau des relations spécifiques et différentielles (Kobialka 2005 26), c'est-à-dire en relation avec diverses formes de composition, visuelles, sonores ou autres. Par exemple, en 1943, il présente et crée le décor de *Balladyna* de Juliusz Slowacki dans un appartement où les acteurs se mélangent avec les spectateurs. L'espace d'action s'élargit et inclut les spectateurs. De ce fait, le spectacle ressemble plus à une performance. La délimitation de l'espace et de l'action demeure difficile dans son œuvre.

De même, durant son spectacle *Les Mignons et les Guenons* de Witkacy, dans un lieu non conventionnel, dans une « scène-piste » (Bablet 1987 247), les spectateurs entrent dans cet espace intermédiaire et se placent des deux côtés, entre deux portes. Les acteurs entrent en scène et ne récitent que des fragments de cette pièce. Les spectateurs ne peuvent être passifs, puisqu'il y a une sorte de fusion entre scène et salle (Gerould 36) ou plutôt une interaction constante. Certains spectateurs sont obligés de participer à l'action, de porter, par exemple, de fausses barbes ou de costumes et de faire ainsi partie du spectacle. Cette piste révèle alors la conception kantorienne de l'espace de l'œuvre. Le spectateur ne peut pas saisir la totalité de l'espace, il y a toujours une partie qui échappe à son regard (Bablet 1987 247). En effet, le spectateur saisit des parties découpées de l'ensemble. Ces parties obtiennent ainsi une certaine autonomie par rapport à la place du spectateur. Mais, ce n'est pas seulement l'espace qui porte un caractère radical chez Kantor.

Les manifestes de Kantor montrent également sa volonté « de détruire le texte dramatique » (Gerould 33) pour que le jeu scénique puisse créer sa propre réalité. Pour ses spectacles, il n'existe pas de texte préétabli (Amiard-Chevrel 660), des fragments du texte sont cités, discutés, répétés. Acteurs et objets sont au même niveau, participent au même jeu. Et l'artiste parle souvent d'une partition scénique ou d'une « séance dramatique » avec la participation de l'auteur dramatique, souvent Witkacy (Bablet 1987 234). Kantor présente sur scène des fragments d'une œuvre dramatique, mais ces fragments sont interprétés de manière radicale, parfois, de manière surréaliste ou expressionniste (Witts 56), c'est-à-dire de manière exagérée. Kantor montre ainsi l'essentiel du texte scéniquement (Witts 15). Il déconstruit toute forme textuelle et déclare son autonomie scénique et artistique. Il refuse l'organisation et met l'accent sur l'événement comme une action. Ainsi, le texte peut être exécuté de diverses manières comme une sorte d' « hallucination verbale » (Kobialka 26).

Cette impression est renforcée par l'emploi spécifique du temps dramatique, lorsque dans ces *actions,* il n'existe pas d'unité. Kobialka (2005 27) affirme que chez Kantor, il n'existe pas de progression linéaire du temps dramaturgique ; ce qui est dû aux répétitions et à l'absence d'une histoire. De plus, les procédures mimétiques sont en péril, mais il existe des relations entre les différents éléments en jeu.

L'œuvre kantorienne montre l'interrogation des limites. Le support physique de l'œuvre constitue pour lui une sorte de réflexion sur les limites de l'œuvre elle-même (Kobialka 1986 180 ; Kobialka et Kantor 180) qui fonctionne comme un espace intermédial des rencontres. Ce support n'est pas homogène et se charge d'une double fonction : accueillir et définir l'événement. Espace non pas d'éléments ou de structures préexistants, comme ce qui se passe avec l'emploi du texte dramatique dans ses spectacles, mais espace de rencontres, de dispositifs, de moyens et de médias différents, espace, éléments d'un jeu.

Pour un *happening*, l'artiste crée une lettre monumentale, d'où le titre du projet, de 14 mètres de long et 2 de haut, transportée par 7 officiers de la poste qui traversent les rues de Varsovie jusqu'à une galerie d'art. L'artiste assimile la réalité avec une procédure artistique. Même si l'action présente plusieurs ressemblances avec la réalité, elle s'en éloigne. La grandeur de l'objet constitue un jeu d'échelles, méthode explorée par les surréalistes, le transport et le dépôt de cette lettre ne peuvent être que surréels, mais, en même temps, ils restent en rapport avec la réalité.

Kantor transforme ainsi le support de l'œuvre en support de jeu, support d'action, un lieu dramatique, lieu où une action est jouée ou annexée. Il y a souvent chez lui une étrange annexion de la réalité dans l'espace de son œuvre. Par exemple, pour *Le retour d'Ulysse* (1944), Kantor imagine un Ulysse qui retourne à Cracovie en train et qui apparait dans une ville sale et surpeuplée, il entre dans la salle d'attente, surveillée par les Nazis (Klossowicz 100). De même, en 1979, Kantor revient sur le lieu de sa naissance pour écrire pour la première fois une œuvre dramatique, *Wielopole Wielopole*. Tout apparait comme un espace des souvenirs de son enfance : images, scènes, la chambre d'enfance (Bablet 1987 262-272). Même si le lieu dramatique est précis, l'espace du jeu dramatique est compromis par la multiplicité et la complexité des éléments mis en œuvre.

De même, les limites matérielles de chacune de ses œuvres sont instables. Dans *La Classe morte*, une corde sépare l'espace de l'action de l'espace du spectateur. Cette corde montre la fragilité de cette frontière qui constitue une sorte de marquage d'un terrain de jeu que les participants pourraient transgresser facilement. La fluidité des frontières, réelles et symboliques, caractérise cet espace intermédiaire, certes, difficile à délimiter, mais défini par ce qu'il contient : des matières et des objets à présenter.

Saraczynska (2011 1) affirme que l'objet, chez Kantor, « omniprésent, […] prolifère dans l'espace et ne cesse de dépasser le statut d'accessoire ou de simple élément de scénographie. Il constitue également un objet artistique. Kantor explique via « L'histoire de la chaise » (Bablet 1987 185) l'emploi de l'objet dans sa pratique : comme plasticien, il travaille sur la multiplication de relations que l'objet représente au sein d'une œuvre et au sein d'un environnement. Pour l'artiste, l'objet fait partie d' « un acte artistique » (Bablet 1987 185), puisqu'il est privé de toute utilité et subit des manipulations, les intentions du créateur (185-190). En effet, plusieurs de ces objets obtiennent ainsi une certaine autonomie au sein de chaque œuvre, comme dans *Le fou et la Nonne*, où plusieurs chaises entassées au centre d'une petite scène rendent le jeu des acteurs difficile (Witts 17) et détruisent la possibilité d'une action scénique (Klossowicz 103-104). En 1965, Kantor expose ces mêmes objets à Varsovie comme *Emballage vivant*. Par ailleurs, certains objets constituent des objets des musées (Saraczynska 2011), comme l'armoire *Dans le petit manoir* ou la chaise colossale, qui existe comme objet autonome, et elle est présente dans divers projets de l'artiste depuis 1970.

Les objets de chaque réalisation artistique de Kantor ne cessent de complexifier les enjeux plastiques auxquels ils participent sans que l'interprétation métaphysique soit exclue. Les activités prolifiques de Kantor, en tant qu'artiste visuel de la fin des années 1960 et au milieu des années 1970, sont dominées par son idée d'agrandir ou de multiplier les objets, alors qu'il essayait de les dépasser. Le portrait de *ma* mère (1975), par exemple, est une œuvre psychologique ou « spirituelle » plutôt que visuelle (Klossowicz 107). L'artiste affine, dans ce parcours, l'autonomie tant de chaque élément du jeu que du jeu comme un ensemble. L'objet plastique fait partie d'un ensemble dont il est indissociable, partie des peintures (informelles, comme un morceau d'une planche annexée à la toile), des emballages (comme l'armoire qui domine tout *Dans le petit manoir* (Bablet 1987 58) qui règle le jeu scénique), des cricotages – happenings (multiplication des objets et complexification de significations) ou des installations (*Le portrait de ma mère*).

De même dans ces œuvres, certains objets réapparaissent dans des dispositifs différents et constituent un leitmotiv d'une mémoire personnelle et universelle, comme par exemple la croix. Par ailleurs, l'objet peut être un moyen indissociable de ce que le personnage fait comme la « Femme-de-Ménage qui de ses balais, balayettes et plumeaux, de ses pelles et seaux, nettoie tout, objets et personnages » (Bablet 1987 27-28). Il peut même s'agir d'un personnage-objet : Femme-au-Berceau-mécanique ou le Vieillard-au-vélo-pour-enfants tout comme les mannequins en prothèse pour l'acteur dans *La classe morte*. Les comportements des personnages sont obsessionnels, et leurs gestes sont associés à des personnages dont ils se souviennent. Si cet état, entre vie et mort, ou indéfini, s'interprète scéniquement, ces personnes constituent des sculptures vivantes (Witts 16) qui s'animent sur scène. Dans les deux cas, c'est le jeu qui prévaut (Witts 55), comme un état intermédiaire entre animé (personnage) et inanimé (objet) qui se développe sur l'espace de l'œuvre avec des caractéristiques interchangeables entre les deux et non pas d'un côté[1].

De même, pour Witts (28) la spécificité de la pratique de Kantor est liée au fait qu'il fait œuvre à partir d'une collection des sources textuelles, sonores et visuelles, sans que l'on puisse les définir parfaitement. Pendant ses spectacles, il s'agit d'une « conjonction » (Witts 56) de ces sources et de plusieurs médias ; ce qui choque le spectateur. Le récepteur est confronté à des œuvres qui combinent des dispositifs divers, et l'intermédialité explique justement les mélanges sur cet espace. Les dernières productions artistiques de Kantor restent dans notre mémoire, mais les mêmes caractéristiques parcourent toute son œuvre.

---

[1] Il existe plusieurs approches critiques par exemple Saraczynska (2011 1) affirme que l'objet, « en entrant avec les acteurs en état de symbiose [... il serve] de modèle de jeu ». Ou des lectures de la pratique de Kantor en relation avec Craig qui interroge le jeu d'acteur et se demande « Peut-être la marionnette redeviendra-t-elle quelque jour le médium fidèle de la belle pensée de l'artiste ? » (Craig 93). Mais chez Kantor, il ne s'agit pas seulement de jeu d'acteur.

La constitution de l'environnement sonore souligne davantage le caractère intermédial de ses productions artistiques. Ovadija (191-193) montre bien comment Kantor, dans sa pratique, crée un environnement sonore au sein de chaque spectacle. Les mots répétés, les cris, les bruits, remplissent l'espace de l'œuvre et constituent son environnement sonore. Ils font partie des images cruelles, durent et donnent naissance à une action scénique « fluide » (p. 191) qui déjoue et le temps et l'espace. Ovadija pointe également le caractère hybride de l'ensemble et l'originalité du volume produit scéniquement. De même, l'utilisation spécifique du texte sur lequel se basent plusieurs spectacles de Kantor, œuvres de Witkiewicz, Schultz, Gombrowicz, montre la valeur signifiante du texte qui concourt à l'originalité du jeu scénique (Witts 28). Le spectateur est maintes fois surpris par la répétition des mots qu'il reconnaît, des mots à caractère universel, comme par exemple les noms bibliques. De même, le jeu scénique est accompagné de la musique *Waltz François*, composée par Adam Karasinki en 1907 (Witts 59), dans *La classe morte*.

Cet espace devient le lieu intermédial entre les arts. Le caractère plastique et visuel des productions kantoriennes est également évident via l'emploi de la photographie dans ses spectacles. Fernandez (1) et Bablet (1993 263) traitent la présence de la photographie chez Kantor comme un médium qui devient matériel, moyen et processus de création en relation avec la mémoire et le passé personnels et collectifs. La photographie se présente comme source d'inspiration des spectacles à caractère autobiographique, par exemple, dans *Wielopole Wielopole*. La photographie y est un élément de spectacle en rapport avec le souvenir et la mort. Kantor explique (266) : « Photo d'APPELÉS – souvenirs des morts / Choisis et marqués par la mort, / contaminés par le bacille de la mort, inconnu et foudroyant, / qui les rend capables de donner la mort à des individus du même/ genre/ et eux-mêmes de mourir sur comment ». Cependant si la photographie en question constitue un point de départ qui montre comment le souvenir est lié au passé, ce type d'images portent un intérêt plastique, car, pour l'artiste, « [l'] appareil fait en sorte qu'un certain moment est immobilisé dans le temps » (Kantor et al. 2). Cette photo fige un moment significatif pour ces personnes, avant le départ pour la guerre, et trace leur destin, la mort, même si elles n'en ont pas conscience. En outre, elle révèle un fonctionnement associatif, proche des surréalistes, lié au champ sémantique de la mort, dominant dans toute son œuvre. Cette photo demeure également un motif structurel du spectacle, lorsque plusieurs motifs qu'elle présente, comme la marche militaire, font partie du jeu scénique des acteurs. Nous assistons alors à la définition parfaite de l'œuvre intermédiale, lorsque tout ce qui est utilisé participe à un ensemble de moyens et de dispositifs sur scène.

De même, l'utilisation de la photographie dans son œuvre explique la mise en scène des éléments hétérogènes. Des photographies constituent également des sources visuelles à valeur documentaire dont l'auteur se sert dans un autre dispositif, qui l'aide à travailler et à fixer les gestes et les mouvements comme la photo d'un repas familial dans *Aujourd'hui c'est mon anniversaire*. L'auteur travaille la trame de son spectacle à l'aide de cette photo, « le père et la mère répètent inlassablement les gestes de la photo familiale, il tient un verre, elle verse le vin de la bouteille, il lève le verre, boit, pose le verre sur la table » (Fernandez 6). Cette photographie constitue une mise en scène élémentaire et essentielle. Notons également que la mère est enceinte de son fils, Kantor. En fait, la force de la structure narrative de la photo comporte les informations essentielles qui concernent le lieu- la maison familiale de l'artiste, les protagonistes- sa famille et le caractère rituel d'un repas familial. Le rituel concerne la complexité de l'interprétation de ce repas. Par ailleurs, Kantor affirme que la photographie fait vivre un personnage absent qui « pourrait raconter son histoire passée et son histoire future, mais il ne le peut pas » (Kantor et al. 2). Ces éléments prennent alors vie sur le dispositif scénique qui accueille une autre mise en œuvre par Kantor adulte. Ces miroitements prouvent que la scène fonctionne comme un espace intermédial sur lequel se développent les mécanismes de la mémoire, les souvenirs de l'auteur, mais aussi comme un espace de rencontres de plusieurs sources auxquelles Kantor attribue une nouvelle vie scénique, tout en gardant leur essentiel, leurs mécanismes élémentaires. Tout fait partie d'un nouvel ensemble. Selon Fernandez (7) il s'agit d'une nouvelle « création d'un imaginaire fictionnel à travers » ces sources, modifiées et réappropriées par l'artiste. Et ces sources font partie de l'œuvre intermédiale.

Par ailleurs, ce n'est pas seulement la scène qui fonctionne comme espace intermédial, mais chacune de ses productions artistiques. C'est ce qui explique la réalisation du *Portrait de ma mère*, une sorte d'installation qui concerne l'archétype de la relation mère-enfant. L'artiste désacralise le symbole maternel en exposant les images de sa mère dans « une boite que l'on peut présenter dans une boutique de bourgade, par exemple à Wielopole » (Kantor et al. 4). Le symbole devient objet, exposé comme produit à vendre « sur des petits sacs que l'on trouve sur les marchés et dans lesquels il peut y avoir des petits pois, des haricots verts, du blé. Dans ces petits sacs, il y avait de la terre » (4). Cependant, cette action est pour l'artiste « un acte de vérité [car il franchit] une certaine ligne de convenances pour atteindre la vérité » (4). Le spectateur doit participer à ce jeu pour que cette vérité se dévoile. L'espace de l'œuvre est l'espace des participants. Le spectateur fait également l'œuvre.

Pour Kantor, la présence et « l'annexion de la réalité » (Bablet 1987 54) de rang inférieur via de méthodes plastiques enrichiraient le jeu et l'espace de l'œuvre intermédiale. Le collage concerne un procédé qui sert à créer une réalité vivante par l'enchainement, la liaison ou la superposition, des différents constituants du spectacle. Ces constituants sont pour Kantor « prélevés dans la réalité courante, dans la « pâte de vie » (Bablet 1987 212-213), mais dans son œuvre, ils constituent une situation dénuée de sens. Tout est fondé sur la rupture et la continuité ; ce qui crée l'autonomie de ses productions artistiques. L'œuvre comme espace intermédial confirme une recherche matérielle, visuelle et plastique. Tout cible l'engagement du spectateur. Celui-ci doit faire partie de ce jeu qui montre une réalité inférieure mais cruelle, des images archétypales de la peine, comme la croix, pourtant, une croix portable, en biais. Kantor déclare que pour *Wielopole Wielopole*, « il voulait que la production « apporte des larmes » aux yeux du public. Cette pensée est matérialisée dans son principe de « l'architectonique de l'affection » ou de la « construction émotionnelle », c'est-à-dire une manipulation consciente des réactions du public (Klossowicz 108). Cependant ce maniement concerne toute son œuvre où tout se mélange : le comique, le tragique, le grotesque, le parodique, le symbolique, le sacré, le profane. La matière brute informe est mise en œuvre comme une composition plastique dans l'espace intermédial de l'œuvre.

En effet, on décèle dans l'œuvre de Kantor des structures d'organisation plastique, qui concernent la composition des éléments hétérogènes régis par la complexité de médias différents mis en œuvre. Les principes qui régissent toute sa production artistique, son engagement, mais aussi sa présence, garantissent le fonctionnement de son œuvre intermédiale. Œuvres et espaces intermédiaux dépassent la définition classique de l'œuvre d'art, vu que le créateur fait tout pour déstabiliser le récepteur. De nouveaux espaces des rencontres intermédiales se créent comme un voyage de lectures toujours réitérées.

Conclusion

Dans sa pratique artistique, l'artiste intègre une recherche plastique constante, non conventionnelle, dans des champs artistiques divers. Ses œuvres constituent ainsi des espaces des rencontres intermédiaux qui choquent le spectateur. Le théâtre devient l'espace privilégié de sa pratique, car il accueille des matériaux, des dispositifs et des médias différents qui correspondent à une recherche expérimentale sans compromis, et qui dévoilent en même temps l'engagement de l'artiste. La pratique théâtrale sert également de modèle à son activité plastique. L'artiste polymorphe annexe la réalité de rang inférieur, *Ready made*, lorsque tout devient objet dans son œuvre intermédiale- *happening*, peinture, installation, spectacle. L'espace de l'œuvre, intermédial, acquiert ainsi une dynamique en relation avec le jeu dont il fait partie. Des objets, des personnages, des sons, des mouvements constituent des compositions, des spectacles, des œuvres intermédiales. Kantor est le factotum des espaces et des œuvres intermédiaux, il garantit l'unité de ses œuvres via l'exemplarité de sa pratique.

Bibliographie

Bablet, Denis. 1977. *Le théâtre de la mort*. Lausanne, [Suisse] : L'Age d'homme.

Bablet, Denis. 1993. « Tadeusz Kantor et la photographie », *Les Voies de la création théâtrale*, 18, Paris : Éditions du CNRS, pp. 263 – 271.

Claudine, Amiard-Chevrel. 1983. « Tadeusz Kantor. Textes de Tadeusz Kantor, études de Denis Bablet et Brunella Ekuli, réunis et présentés par Denis Bablet. » *Revue des Études Slaves* 55.4, pp. 659-660.

Eruli, Brunella. 2008. « Kantor Tadeusz » in Corvin, Michel (dir.). *Dictionnaire encyclopédique du théâtre à travers le monde : [son histoire, son esthétique, ses artistes, ses institutions, ses techniques scéniques]*. Paris : Bordas, pp. 771-772.

Fernandez, Suzanne. 2018. « Tadeusz Kantor. Les faux souvenirs du spectateur ». In *Revue internationale de Photo littérature* 2, [consulté le 03 mai 2020 en ligne URL : http://phlit.org/press/?articlerevue=tadeusz-kantor-les-faux-souvenirs-du-spectateur]

Freda Chapple and Chiel Kattenbelt (Dir.) 2006. *Intermediality in Theatre and Performance*, Amsterdam: Rodopi.

Gerould, Daniel C. 1980. "Tadeusz Kantor [1915–] A Visual Artist Works Magic on the Polish Stage." *Performing Arts Journal* 4.3, pp. 27-38.

Gordon Craig, Edward. 2004. *De l'art du théâtre*, trad. Claire Pedotti, Belval, Édition Circé, coll. « Penser le théâtre ».

Kantor, Tadeusz, in Denis Bablet. 1972. « Entretiens avec Tadeusz Kantor », *Travail théâtrale*, La Cité, Lausanne, VI.

Tadeusz Kantor, Andrej Matyma, Marie-Thérèse Vido-Rzewuska. 2018. « Entretien de Tadeusz Kantor avec Andrej Matyma, « Tadeusz Kantor à propos de la photographie », *Revue internationale de Photolittérature* 2 [consulté le 07 juin 2020 en ligne URL : http://phlit.org/press/?articlerevue=tadeusz-kantor-a-propos-de-la-photographie-entretien-par-andrej -matyma-1987]

Klossowicz, Jan, Michal Kobialka, and Richard Schechner. 1986. "Tadeusz Kantor's journey."*The Drama Review: TDR* 30.3, pp. 98-113.

Kobialka, Michal, and Tadeusz Kantor. 1986. "Let the artists die? An interview with Tadeusz Kantor." *The Drama Review: TDR* 30.3, pp. 177-183.

Kobialka, Michal. 2002. "Tadeusz Kantor's happenings: Reality, mediality, and history." *Theatre Survey* 43.1, pp. 58-79.

Kobialka, Michal. 2006. "Tadeusz Kantor's Practice: A Postmodern Notebook." *PAJ: A Journal of Performance and Art* 28.1, pp. 20-28.

Larrue, Jean-Marc. 2008. « Théâtre et intermédialité : une rencontre tardive. » In Intermédialités *: histoire et théorie des* *arts, des lettres et des techniques/Intermediality : History and Theory of the Arts, Literature and Technologies* 12, pp. 13-29.

Leach, Robert. 2017. *Theatre Studies*. Routledge.

Lecoq, Jacques. 2006. *Theatre of movement and gesture*. Routledge.

Lesage, Marie-Christine. 2014. « Dans le " liquide du récit" : Daniel Danis, écrivain scénique. » *Voix et images* 40.1, pp. 103-112.

Miklaszewski, Krzysztof. 2002. *Encounters with Tadeusz Kantor*. London: Routledge.

Müller, Jürgen. 2000. « L'intermédialité, une nouvelle approche interdisciplinaire: perspectives théoriques et pratiques à l'exemple de la vision de la télévision. » *Cinémas : revue d'études cinématographiques/Cinémas : Journal of Film Studies* 10.2-3, pp.105-134.

Mueller E. Juergen. 2006. « Vers l'intermédialité Histoires, positions et options d'un axe de pertinence », <u>Médiamorphoses</u>16, pp. 99-110.

Ovadija, Mladen. 2013. *Dramaturgy of Sound in the Avant-Garde and Postdramatic Theatre*. MQUP.

Witts, Noel. 2018. *Tadeusz Kantor*. Routledge.

Saraczynska-Laroche, Maja. 2016. « Tadeusz Kantor ou la (dis)continuité de l'écriture de soi dans l'espace scénique ». Jouanny, Sylvie, et Élisabeth Le Corre. *Les intermittences du sujet : Écritures de soi et discontinu*. Rennes : Presses universitaires de Rennes, pp. 283-293.

Saraczynska, Maja. 2011. « Kantor et l'objet : du bio-objet au sur-objet ; du sur-objet à l'œuvre d'art. » In *Agôn. Revue des arts de la scène*.

Sosnowska, Dorota. 2016. « Impossible is Real: Tadeusz Kantor at the seashore. » *Performance Research* 21.2, pp. 70-78.

Discours scientifiques et fiction romanesque : une lecture transdisciplinaire de *La formule de Dieu* de José Rodriguez Dos Santos

Albert Jiatsa Jokeng
Université de Maroua

> Les théories scientifiques sont mortelles, et *elles sont mortelles parce que scientifiques*.
> Edgar Morin, p.21.

La science-fiction, genre paralittéraire ayant connu son apogée dans les années 1960, est une production donnant à certains motifs de littérarisation [la science ou l'espace] un rôle si capital qu'ils ne peuvent être soustraits sans que l'histoire racontée n'en soit profondément affectée, et dans laquelle l'auteur s'efforce de rendre ces spéculations plausibles (Edward James et Farah Mendlesohn, 2003). L'incorporation des médias dans la diégésis affecte la conception de ce genre qui opte pour une déviation de la littérature à la « médialiture » qui, selon Guiyoba (2015 :7), est « une pratique littéraire englobant, transcendant ou dominant les autres pratiques artistiques en les intégrant en son sein suivant une logique de mise en abyme systématique, foisonnante et généralisée de celles-ci, comme dans une sorte de *Gesamtkunswerk* wagnérienne mais polarisée par la littérature. Dans le même ordre d'idées, Agathe Vidal affirmait : « La philosophie est la mère de toutes les sciences » (2018) ; ce à quoi nous renchérissons en disant que son père est le texte littéraire. En effet, nous parlons « des fonctions conservatoires de la littérature ; il s'agit de processus au cours desquels des théories scientifiques, abandonnées pour des raisons diverses, en viennent à survivre dans le discours littéraire »

(Wolf Lepenies, 1985 : 39), bref, de la littérature comme « un entrepôt de savoirs » (Walter Moser, 1992 :39).

La présente réflexion se propose de montrer que, dans le roman *La formule de Dieu* de Dos Santos, le discours scientifique constitue une mise en relation des sciences diverses surfant sur la littérarité du texte et, par ce fait, constitue une pratique intermédiale. Nous exploiterons la notion de transdisciplinarité telle qu'évoquée par Edgar Morin dans son article « Réforme de pensée, transdisciplinarité, réforme de l'Université »[1], qui soutient que le savoir devrait être « des-embrigadé », puisque « la prévalence disciplinaire, séparatrice, nous fait perdre l'aptitude à relier, l'aptitude à contextualiser, c'est-à-dire à situer une information ou un savoir dans son contexte naturel. Nous perdons l'aptitude à globaliser, c'est-à-dire à introduire les connaissances dans un ensemble plus ou moins organisé. Or, les conditions de toute connaissance pertinente sont justement la contextualisation, la globalisation ». Cette transdisciplinarité (et non interdisciplinarité qui n'est que la mise en relation des disciplines) nous permettra de montrer comment l'idée de l'existence/ absence de Dieu est rendue possible dans le roman de Dos Santos par un examen des disciplines scientifiques telles la cryptographie, la cryptologie, la paléographie, l'astronomie, les mathématiques, la physique, etc.

Si *l'histoire* désigne l'objet du récit, ce qu'il raconte, *le récit* quant à lui désigne le discours oral ou écrit qui la présente. L'histoire de *La formule de Dieu* est celle d'un manuscrit d'Einstein, le « *Die Gottesformel* », dont le

---

[1] Communication au Congrès International "Quelle Université pour demain ? Vers une évolution transdisciplinaire de l'Université " (Locarno, Suisse, 30 avril - 2 mai 1997) ; texte publié dans Motivation N° 24, 1997. [En ligne] : http://ciret-transdisciplinarity.org/bulletin/b12c1.php, consulté le 24 octobre 2016.

décryptage conduit les acteurs à exploiter toutes les connaissances possibles des autres sciences. Comment s'exprime le discours de ces sciences dans le roman ? Comment justifier le choix du roman pour un tel examen ? La réponse à ces interrogations reposera sur l'examen des principales sciences textualisées ainsi que leur importance dans la résolution du conflit opposant les protagonistes.

Au commencement était le discours

Terme galvaudé, le « Discours » est, on le sait, fortement polysémique ; sa définition repose essentiellement sur une exégèse des typologies discursives prenant notamment appui sur un certain nombre de traits catégoriels :

- Tout discours s'inscrit dans un champ de l'activité humaine. Il peut ainsi être dit littéraire, romanesque, journalistique, scientifique, philosophique, sportif, religieux, culturel, virtuel, médiatique, etc. ; c'est ce qui fait dire à Maingueneau (1996 : 28) que tout discours se positionne dans un champ discursif (discours bourgeois, prolétaire, communiste, surréaliste). Celui de notre roman est un croisement de discours à la fois religieux, philosophique, médiatique, scientifique.

- Le discours émane aussi des catégories de locuteurs (discours des infirmières, des mères de famille, des politiques, etc.) ; il est évident que les principales catégories de locuteurs dans notre fiction sont les scientifiques et les religieux qu'on sait porteurs de deux visions antagonistes de la science, même si on peut adjoindre une troisième catégorie, celle des barbouzes.

- Enfin, le discours relève aussi des fonctions du langage (discours polémique, prescriptif, scientifique, etc.).

Ce *trivium* renseigne donc sur le caractère polysémique du discours. Il répond plus à un souci de classification des énoncés qu'à une simple disposition de l'esprit. Ainsi Foucault (1969 : 153) écrit : « On appellera discours un ensemble d'énoncés en tant qu'ils relèvent de la même formation discursive ». Un tel point de vue est repris, en linguistique et sémiotique discursive, par une équation : ÉNONCÉ + ÉNONCIATION (SITUATION DE COMMUNICATION) = DISCOURS (Maingueneau, 1976 : 12). Un discours n'est qu'une sorte d'énoncé parmi d'autres (images, films, vidéos, messages, audios, etc.). Il appert que notre roman est une mise en scène de plusieurs discours narrativisés.

Un mot sur l'intrigue romanesque de La Formule de Dieu de Dos Santos

Publié dans sa version française en 2012 par HC Éditions, *La formule de Dieu* est un roman de l'écrivain portugais José Rodrigues Dos Santos sorti initialement en 2006 sous le titre *A Formula de Deus*. Tomàs Norohna, Professeur de cryptologie et des langues anciennes à l'Université de Coimbra au Portugal, est embauché par le gouvernement iranien pour l'aider à décoder le message d'un manuscrit en partie encodé en portugais. Mais la C.I.A est au courant et avant son départ pour Téhéran, elle l'approche et le contraint à jouer pour elle le rôle d'agent double, car elle soupçonne, à travers ce manuscrit attribué à Einstein, la République Islamique de vouloir se doter de l'arme atomique. Mais, une fois à Téhéran, rien ne se passe comme prévu. Le professeur se retrouve entraîné dans une intrigue qui le mène jusqu'au Tibet. Par ailleurs, il est menacé tour à tour par les Américains et les Iraniens. Toutefois, ce qui était annoncé comme « la formule de l'explosion la plus sidérante, la formule de Dieu » (LFDD[1] : 112) déçoit les deux employeurs de Tomàs puisque, loin d'être une arme redoutable, la formule de Dieu révélerait plutôt deux renseignements fondamentaux sur lesquels

---

[1] Lire *La formule de Dieu*.

s'interroge l'homme depuis des temps immémoriaux : la preuve scientifique de l'existence de Dieu, d'une part ; celle du pourquoi de l'existence de l'homme, d'autre part. Au fil de l'intrigue, il est passé en revue nombre de théories physiques supposées faire écho à diverses théologies (judéo-chrétienne, tibétaine, bouddhiste...) avec pour conclusion commune « l'idée d'un univers cyclique, pulsant au rythme de Big Bang et de Big Crunch successifs » (Id. : 953). L'univers serait donc taillé pour créer la vie et la vie pour se transformer en intelligence qui trouvera moyen de contourner sa destruction préprogrammée.

Son intrigue donne la possibilité au cryptographe d'égrener un pluridiscours sur l'astrophysique et sciences connexes.

Les théories scientifiques insérées dans la fiction de Dos Santos

Dans *La formule de Dieu* de José Rodrigues Dos Santos, roman supposé raconter une histoire fictive, ce sont plutôt plusieurs théories qui sont évoquées dont celles soutenues par la majorité des astrophysiciens pour expliquer le début et la fin de notre univers. Au chapitre XXV, à la faveur d'un cours du professeur Rochas à ses étudiants de physique, le lecteur est renseigné sur les approches les plus crédibles théorisant la naissance et la mort du cosmos. Il s'agit de celles assez connues du *Big Bang*, du *Big Crunch* et du *Big Freeze* avancés par la communauté scientifique pour expliquer la naissance, l'expansion et la fin probable de l'univers. Toutes ces spéculations s'appuient sur la deuxième loi de thermodynamique (ΔS univers $> O$) établie par Rudolf Julius Emmanuel Clausius[1]. Ladite loi stipule que l'entropie de l'univers est toujours supérieure à zéro et cela prouverait trois choses :

---

[1] Physicien Prusse (1822-1888), un des pères de la thermodynamique.

1. Comme il est avéré que les choses vieillissent, il y a un point dans le temps où elles mourront : si une telle loi est pratiquement visible sur le vivant, imaginer la matière mourir semble une aberration. Pourtant, la matière inerte n'échappe pas à cette loi. Si on valide le *Big Bang*, son expansion, on ne peut qu'envisager le *Big Crunch*.
2. Il existe une flèche du temps et tout a évolué et continue d'évoluer avec le temps ;
3. Puisque tout vieillit, il y a un point où tout était jeune : le moment de la naissance, notre univers inclus.

Pour la naissance, les scientifiques retiennent l'idée du *Big Bang* présenté dans cet échange entre le professeur Luís Rochas et ses étudiants durant un cours d'astrophysique :

Le *Big Bang*. La grande explosion. [...] Lemaître a suggéré que l'univers était né d'une brusque explosion initiale. L'idée était extraordinaire et résolvait d'un seul coup les problèmes liés au concept d'un univers éternel et statique. *Big Bang* s'accordait avec la deuxième loi de la thermodynamique, solutionnait le paradoxe d'Olbers, expliquait l'actuelle configuration de l'univers soumis aux explosions soudaines... bien que l'expression appropriée ne soit peut-être pas explosion mais expansion » (LFDD : 459).

En outre, le professeur ne se contente pas de présenter la théorie, car il en souligne aussi les limites et les questions jusqu'ici restées sans réponse. Par exemple, la physique n'a jamais réussi à déterminer la cause de cette soudaine expansion alors que l'un des principes chers aux physiciens est justement la loi de la causalité. Par ailleurs, il expose une théorie alternative ayant pendant longtemps concurrencé le *Big Bang* avant d'être totalement abandonnée lorsque les scientifiques ont pu prouver l'hypothèse du *Big Bang* en « détectant l'écho de cette éruption primordiale de l'univers » (Idem : 465). Tout dans l'univers connu serait donc parti de l'expansion initiale de l'énergie transformée en masse, tel que le démontre la célèbre formule d'Einstein $E=MC2$. Qu'envisagent alors le

Big Crunch et le *Big Freeze*, puisque « tout ce qui naît est appelé à mourir » ? (Idem : 471). Le *Big Freeze* ou grande glaciation, dit le professeur, est « la dernière conséquence de la deuxième loi de thermodynamique et de l'expansion éternelle de l'univers. Avec l'augmentation de l'entropie, les rayonnements s'affaiblissent graduellement jusqu'à créer une température uniforme dans toutes les régions de l'espace, transformant l'univers en immense cimetière galactique glacé […] On estime que cela se produira dans quelques cent millions d'années au minimum » (Idem : 471). Perspective peu reluisante donc, aussi peu engageante que la deuxième, le *Big Crunch* ou grand écrasement. Il explique :

> L'expansion de l'univers diminue et arrive à un point où elle s'arrête, pour commencer ensuite à se contracter. Il ouvrit grand ses bras, comme s'il tenait un gigantesque ballon qui grossissait, s'arrêtait et rétrécissait. Sous l'effet de la gravité, l'espace, le temps et la matière se mettront à converger jusqu'à s'écraser en un point infini d'énergie. […] Le *Big Crunch* c'est, si vous vous voulez, le *Big Bang* à l'envers. Comme un ballon qui se gonfle et se dégonfle. (Id. : 472)

Si personne ne sait exactement quand elle surviendra, la fin est pourtant inéluctable et adviendra dans la douleur. Entre se faire écraser et se faire congeler, il faut l'avouer, le choix est cornélien. À part les théories sur le début et la fin de notre univers, le lecteur est également édifié sur beaucoup d'autres réalités, notamment au chapitre XII où Ariana, personnage de ce roman, passe les théories de la relativité restreinte d'Einstein et celle du Tout ou des champs unifiés sur laquelle travaillait le physicien au moment de sa mort. Pour Einstein, à la différence des « allégations » quantiques présentées brièvement par Ariana, « Dieu ne joue pas aux dés ». Fort de cette conviction, il s'était mis en quête d'une théorie unificatrice qui présenterait les forces fondamentales de la nature comme la manifestation d'une force unique. Il cherchait ainsi à réunir en une seule formule toutes les lois régissant l'espace, le temps, la gravité. Plus loin, au chapitre XXIV, est aussi exposée la théorie du chaos alléguant que de petites altérations dans les conditions initiales produisent de profondes mutations au niveau du résultat : c'est ce qu'on appelle « effet papillon. » À côté de ces théories, l'on se frotte encore à plusieurs théorèmes et principes dont le théorème d'incomplétude de Kurt Gödel (chapitre V), l'un des huit paradoxes de Zénon (Chapitre XXIV), le paradoxe d'Olbers (chapitre XXV). On y trouve, par ailleurs, expliquées les quatre forces qui régissent l'univers.

La Formule de Dieu est donc une véritable mine épistémologique et heuristique. En effet, toutes ces références scientifiques sont avérées. Au-dessus de l'univers mis en examen, on se demande : qui est Dieu ? Existe-t-il vraiment et quelle forme revêtirait-il ? Toute l'aventure de Thomás, personnage central du roman, consiste à trouver la « formule de la plus grande explosion jamais vue, quelque chose de si colossal que […] Einstein semblait sidéré par sa découverte » (LFDD : 126). Au fil de l'intrigue, se précise le projet ayant retenu l'attention des gouvernements américain et iranien voyant là une aubaine pour mettre la main sur un engin de mort surpassant en puissance la bombe atomique : « formuler la preuve de l'existence de Dieu » (Id. 570) ; attente déçue pour l'un et l'autre gouvernement. Sur la question, le professeur Rochás épilogue longuement au chapitre XXVI ; pour lui, l'indice le plus sérieux de l'existence de Dieu est l'incapacité des physiciens à expliquer la cause du *Big Bang*, foulant aux pieds l'un des principes fondamentaux de la physique : la notion de causalité. Dieu reste l'hypothèse la plus crédible lorsqu'on s'interroge sur les causes du *Big Bang*. Cette hypothèse se trouve renforcée lorsqu'on considère en sus la précision requise par une foule de phénomènes ayant conduit à l'apparition de la vie. Mathématiquement, cela

exclut tout hasard et quand on y réfléchit bien, estime le professeur Rochás, tout cela a été mis en musique par un être supérieur :
> Étant donné la force brute du *Big Bang*, l'expansion ne peut pas être maîtrisée. Cette expansion devrait ou non vaincre la force de gravité de toute la matière. Il est infiniment improbable que l'expansion et la gravité s'équilibrent. Et pourtant, toutes deux paraissent très proches d'un point d'équilibre. Ceci [...] est le jackpot de la loterie. Car si le *Big Bang* est un événement accidentel et incontrôlable, la probabilité que l'univers se maintienne pour toujours dans un état chaotique, d'entropie maximale, serait écrasante. Le fait qu'il existe des structures de basse entropie est un grand mystère, si grand que certains physiciens parlent d'un incroyable hasard ». (LFDD : 910)

Or, en physique, le hasard n'est pas permis. Pour que les physiciens renommés comme Einstein puissent admettre cela, il eut fallu la réalisation d'une condition :
> Si toute l'énergie libérée par le *Big Bang* était plus faible d'une infime fraction, la matière retournerait en arrière et s'effondrerait en un gigantesque trou noir [...] Le professeur Siza a fait les calculs et a découvert que cette énergie, pour que l'univers puisse se dilater d'une manière ordonnée, devait être d'une précision de un pour 10120. (Idem. : 912)

Cette vision religieuse du discours scientifique est battue en brèche par la quête du professeur Noronha :

Einstein pensait qu'on ne pouvait prouver l'existence de Dieu qu'à travers une preuve irréfutable, et il l'a trouvée dans la Bible :
> L'expression en elle-même ne prouve pas l'existence de Dieu. Elle doit être interprétée dans le contexte des découvertes faites dans le domaine de la science. C'est la véritable raison pour laquelle Einstein n'a pas voulu divulguer son manuscrit. Il savait que cet énoncé biblique ne suffisait pas, il fallait une confirmation scientifique. [...] Cette confirmation existe à présent. Cette confirmation montre que la Bible, aussi incroyable que cela puisse paraître, renferme des vérités scientifiques profondes. C'est dans ce sens que l'expression

« Que la lumière soit ! » prouve l'existence de Dieu. (Id. :189):

Les axiomes d'une telle formule sont développés plus loin, à travers le dépouillement des six jours de la création qui forme l'ossature de *La Genèse* :

> Le premier jour biblique dura 8 000 millions d'années. Le deuxième jour dura 4 000 millions, le troisième dura 2 000 millions, la quatrième dura 1 000 millions, le cinquième dura 500 millions d'années et le sixième jour dura 250 millions d'années.
> – La somme de tout ça donne combien ?
> – 15 000 millions d'années (Idem. : 148).

Les 15 millions d'années représentent l'âge de l'univers : on peut se demander comment une telle précision chronologique apparait dans la Bible si ce n'est l'œuvre d'un créateur qui est Dieu. Tout est donc dans cette précision mathématique, dans ce *Thema* einsteinien (la « La seule source authentique de la vérité est dans la simplicité mathématique. » (Morin : 43).

Le discours sur les sciences : l'idée d'une intelligence artificielle

La preuve de l'existence de Dieu nous exonère-t-elle de la recherche de la vérité ? Si on admet le principe de la causalité, on est d'accord que le *Big Bang* entraînera le *Big Crunch* ou le *Big Frezze*, c'est-à-dire toute fin de vie dans l'univers. Les experts du roman (c'est-à-dire les personnages chercheurs) pensent que l'homme a une chance de survivre d'une telle apocalypse : l'intelligence artificielle. Avec le développement technologique aujourd'hui, ils pensent que

> notre civilisation n'en est qu'à ses premiers pas dans le domaine de l'informatique, mais l'évolution est très rapide et il est possible qu'un jour nous soyons capables de développer une technologie aussi intelligente que nous, voire plus. D'ailleurs, au rythme actuel de l'évolution, les calculs montrent que les ordinateurs atteindront le niveau humain de

gestion et d'intégration des données dans un siècle tout au plus. Le jour où ils atteindront notre niveau, les ordinateurs acquerront une conscience, comme du reste le suggère le test de Turing, (Idem : 176).

Cela signifie que la course à l'intelligence artificielle repose sur un transfert de la conscience humaine vers la conscience matérielle : les robots font aujourd'hui la cuisine, le shopping, l'amour, bref, presque toutes les activités humaines. Le film *The Terminator* (1984) a posé ce problème, celui d'un monde où la singularité technologique domine. Il s'agit de l'hypothèse selon laquelle l'invention de l'intelligence artificielle déclencherait un emballement de la croissance technologique qui induirait des changements imprévisibles sur l'homme.

Les dernières trouvailles sur la nanotechnologie renforcent cette hypothèse du personnage central, car

> Cette intelligence peut se loger dans des espaces infimes, en recourant à la nanotechnologie, si bien qu'il lui faut beaucoup moins d'énergie pour maintenir son fonctionnement. Dans ce sens, et si on définit la vie comme un processus complexe d'agencement de l'information, la vie perdurera. La différence est que le hardware cesse d'être le corps biologique pour devenir les chips. Mais, à bien y regarder, ce qui fait la vie n'est pas le hardware, n'est-ce pas ? C'est le software. Je peux continuer à exister non pas dans un corps organique fait de carbone, mais dans un corps métallique, par exemple. Puisqu'il existe déjà des gens qui vivent avec une jambe ou un cœur artificiel, pourquoi ne pourrait-on pas vivre avec un corps entièrement artificiel ? Si on transférait toute ma mémoire et tous mes processus cognitifs dans un ordinateur et qu'on me donnait des caméras pour voir ce qui se passe autour de moi et un micro pour parler, je continuerais à me sentir moi. Dans un corps différent, certes, mais je serais tout de même moi. À bien y regarder, ma conscience est une sorte de programme d'ordinateur et rien n'empêcherait ce programme de continuer à exister si je pouvais créer un hardware adapté où l'insérer (Idem : 177).

L'intelligence artificielle comble un vide, celui de la capacité de la science à se questionner afin de pouvoir un jour s'affranchir de l'illusion réaliste : « L'esprit scientifique est incapable de se penser lui-même tant qu'il croit que la connaissance scientifique est le reflet du réel. (Morin : 21). D'ailleurs, dit Morin, la science n'a pas de vérité, il n'y a pas une vérité qui est scientifique, il y a des vérités provisoires qui se succèdent, où la seule vérité, c'est d'accepter cette règle et cette recherche (Idem. : 53).

Conclusion

Le choix du roman comme support des pratiques transdisciplinaires en fait un terrain des pratiques intermédiales, un hypomédia (Guiyoba, 2012). Tous les discours qui surfent sur sa surface (Hypermédia) concourent à exprimer une idée d'une manière différente des autres genres littéraires. La liberté esthétique a fait du roman un genre particulier « puisque la souplesse de consistance lui permettait de porter les génies les plus différents » (Laurent Jenny, 1977 :30). Les discours scientifiques s'y déploient avec allégresse et offrent à voir une surface textuelle luxuriante et dynamique. La surface du roman permet ainsi une transdisciplinarité qui le transforme en appareil transmédiatique.

Documents et films consultés
Documents :
Dos Santos, José Rodriguez. 2012. *La formule de Dieu*, Edition Hervé Chopin. PDF

Laurent, Jenny. 1977. *Roman du roman*. Paris : Gallimard.

Guiyoba, François, « Média(li)tures/Média(script)tures », Appel à communication, [En ligne] www.fabula .org, mis en ligne en 2012.

Guiyoba, François, 2015. *Littérature médiagénique. Ecriture, musique et arts visuels*. Paris : L'Harmattan.

Méchoulan, Éric. 2003. « Intermédialités : Le temps des illusions perdues ». In *Intermédialités*, N°1, Printemps, pp.9-27.

Morin, Edgar. 1997. "Quelle Université pour demain ? Vers une évolution transdisciplinaire de l'Université " (Locarno, Suisse, 30 avril - 2 mai 1997) ; texte publié dans *Motivation* N° 24, [En ligne] : http : //ciret-transdisciplinarity.org/bulletin/b12c1.php, consulté le 24 octobre 2016

Müller, Jürgen E. 2006. « Vers l'intermédialité, Histoires, positions et options d'un axe de pertinence », in *Métamorphoses,* n°16, pp. 99-110.

Wolf, Lepenies. 1985. *Die drei Kulturen. Soziologie Zwischen literatur und wissenschaft*, München, Hansa.

Verneaux, Roger. 1959. *Épistémologie générale ou critique de la connaissance.* Paris : Beaucesne et ses fils.

Vidal Agathe, « La philosophie est la mère de toutes les sciences : je ne vois pas où elle n'est pas », in *La pause Philo*, 19 juin 2018.

Films :

Cameron, James, *The Terminator*, avec Arnold Schwarzenegger, Michael Biehn, Linda Hamilton, Earl Boen et Bill Paxton, Hemdale Film Corporation, Pacific werstern Productions, Euro fil funding et Cinéma 84, USA, sorti le 26 octobre 1984.

En guise d'adieu…

Professeur François Guiyoba
De la vie terrestre à la vie céleste

Alain Poaire Kamki

Pire et cruel destin : tu as foudroyé sans pitié Papa François Guiyoba.

Repose en paix, Père spirituel. Nous nous souviendrons de nos Débats.

Oraisons funèbres, tu les as bien méritées. Tu fus le meilleur des Pères.

Fier et gentil Homme, ton âme s'est envolée au vent. Nos Cœurs errent.

Esprit pure et critique, tu as beau édifier les Âmes perdues par ta Science.

Souffrance et Tristesse nous déshabillent. Nous déposons nos Chagrins.

Souvenir et Sourire béats, ton Absence nous plonge dans le flou Silence.

Et tu es monté au Ciel ! Retrouve la Lumière et éclaire nos doux Chemins.

Un Chercheur talentueux, un Professeur chevronné et émérite est parti.

Retenons nos Larmes, nos Douleurs, nos Pleurs ; gardons Foi à la Vie.

Formés, nous suivions ses Cours passionnés et passionnants de la Lico.

Rigoureux Encadreur, il était bienveillant et lumineux comme l'Or.

Artiste et Artologiste rompu, il est passé de l'effet de vie à l'effet de mort.

N'oublions jamais la fameuse Théorie algorithmique et médiagénique.

Ça a été un choc pour nous qui eûmes le Plaisir et l'Honneur de le côtoyer.

Ouvert aux vraies Critiques, il était un Homme de Science plein d'Humanité.

Innovateur affable et futé en Langue, Littérature et Civilisation Comparée ;

Savant théoricien, il fut avant-gardiste de l'imagologie et de l'intermédialité.

Guide spirituel, j'ai bénéficié de son Savoir et de ses Idées arborescentes.

Un Sourire germé sur les Yeux du Cœur, il m'a semé l'Amour de la Recherche.

Icône de la Pensée postmoderne, ses Cours captivants m'ont ensorcelé.

Y'a-t-il meilleur Bonheur d'avoir profité des Connaissances du Grand Maître ?

Originaux, tes Chefs-d'œuvre me bercent au rythme d'Homme-Orchestre.

Beaux Fleurons de la Couronne d'Art, tu demeures la Figure de Patriarche.

Adieu Grand Homme. Que ton Âme, au Paradis, repose en Paix !

Table des matières

Préface Juergen E. Mueller ... 9
Introduction ... 21
Discours scientifiques et intermédialité ... 27
    La critique littéraire : une pratique intermédiale
    Structures et modalités d'énonciation Roger Fopa
    Kuete Université de KwaZulu-Natal ... 29
        La critique littéraire : formes et modalités
        d'énonciation ... 31
        Dimension scriptovisuelle et métalinguistique ... 33
        Fonctionnement du raisonnement scientifique en
        Lettres : un fait intermédial ... 36
        La critique littéraire comme pratique intermédiale 38
        La citation et la référence : la mutualisation des
        savoirs comme prétexte du déploiement du réseau
        intermédiatique ... 38
        L'exemple de la comparaison : une constante
        essentielle de l'interaction médiatique ... 40
        Conclusion ... 42
        Références bibliographiques ... 42
    Le substrat intermédiatique de l'épistémè
    ultracontemporaine : le cas des approches
    éco/géocentrées Floribert Nomo Fouda et Luc Claude
    Ngueu *Université de Yaoundé 1 (Cameroun)* ... 45
        Panorama des approches éco et géocentrées ... 47
        Jeu de l'« être-entre » : approches éco/géocentrées et
        intermédialité scientifique ... 55
        De l'intermédialité scientifique à l'identité
        épistémologique du chercheur ultracontemporain ... 63
        Conclusion ... 66
        Bibliographie ... 67
Processus intermédiatiques en arts, lettres et sciences humaines ... 71

Mémoires de porc-épic d'Alain Mabanckou : une réponse à l'exotisme anthropologique ? Julia Galmiche-Essue *Université de Toronto* ___73
    Déconstruction___76
    Récupération___84
    Bibliographie___93

Œuvres et espaces intermédiaux chez Tadeusz Kantor Christakis Christofi *Université de Chypre*___95
    L'artiste intermédial___95
    L'espace intermédial___105
    Conclusion___115

Discours scientifiques et fiction romanesque : une lecture transdisciplinaire de *La formule de Dieu* de José Rodriguez Dos Santos Albert Jiatsa Jokeng *Université de Maroua*___119
    Au commencement était le discours___121
    Un mot sur l'intrigue romanesque de La Formule de Dieu de Dos Santos___122
    Les théories scientifiques insérées dans la fiction de Dos Santos___123
    Le discours sur les sciences : l'idée d'une intelligence artificielle___128
    Conclusion___130

En guise d'adieu… ___**133**
    Professeur François Guiyoba___135

Structures éditoriales du groupe L'Harmattan

L'Harmattan Italie
Via degli Artisti, 15
10124 Torino
harmattan.italia@gmail.com

L'Harmattan Hongrie
Kossuth l. u. 14-16.
1053 Budapest
harmattan@harmattan.hu

L'Harmattan Sénégal
10 VDN en face Mermoz
BP 45034 Dakar-Fann
senharmattan@gmail.com

L'Harmattan Congo
67, boulevard Denis-Sassou-N'Guesso
BP 2874 Brazzaville
harmattan.congo@yahoo.fr

L'Harmattan Cameroun
TSINGA/FECAFOOT
BP 11486 Yaoundé
inkoukam@gmail.com

L'Harmattan Mali
ACI 2000 - Immeuble Mgr Jean Marie Cisse
Bureau 10
BP 145 Bamako-Mali
mali@harmattan.fr

L'Harmattan Burkina Faso
Achille Somé – tengnule@hotmail.fr

L'Harmattan Togo
Djidjole – Lomé
Maison Amela
face EPP BATOME
ddamela@aol.com

L'Harmattan Guinée
Almamya, rue KA 028 OKB Agency
BP 3470 Conakry
harmattanguinee@yahoo.fr

L'Harmattan Côte d'Ivoire
Résidence Karl – Cité des Arts
Abidjan-Cocody
03 BP 1588 Abidjan
espace_harmattan.ci@hotmail.fr

L'Harmattan RDC
185, avenue Nyangwe
Commune de Lingwala – Kinshasa
matangilamusadila@yahoo.fr

Nos librairies en France

Librairie internationale
16, rue des Écoles
75005 Paris
librairie.internationale@harmattan.fr
01 40 46 79 11
www.librairieharmattan.com

Librairie des savoirs
21, rue des Écoles
75005 Paris
librairie.sh@harmattan.fr
01 46 34 13 71
www.librairieharmattansh.com

Librairie Le Lucernaire
53, rue Notre-Dame-des-Champs
75006 Paris
librairie@lucernaire.fr
01 42 22 67 13